JN439557

돌아보는 인생일 때 조금 덜 아프게

김순재 수필집

돌아보는 인생일 때 조금 덜 아프게

김순재 수필집

1판 1쇄 인쇄/ 2020년 10월 25일
1판 1쇄 발행/ 2020년 10월 30일

지은이 / 김 순 재
펴낸이 / 우 희 정
펴낸곳 / 도서출판 소소리

등록 / 제300-2007-21호
주소 / 03073 서울 종로구 성균관로 5길 39-16
전화 / 765-5663, 010-4265-5663
e-mail: sosori39@hanmail.net
www.sosori.net

값 12,000 원

*잘못된 책은 바꿔드립니다.

ISBN 979-11-5891-149-2 03810

김순재 수필집

돌아보는 인생일 때 조금 덜 아프게

책을 내면서

우리
노래를 부릅시다
오월의 신록같이
구월의 호수같이

부르다 보면
기뻐서 눈물 나고
슬퍼서 눈물 나고

부르다 보면
기쁨도 흥이 되고
슬픔도 흥이 되고

세상은 그렇게 사는 것
그렇게 살아지는 것

깜깜한 밤중이라도
대낮의 노래를 부릅시다

오월의 신록같이
구월의 호수같이.

알 수 없고, 이해할 수 없고, 정답도 없는 인생. 그 인생 한 판을 노래 없이 어떻게 다 치를 수 있겠습니까. 소년일 때는 소년의 노래를, 청년일 때는 청년의 노래를, 장년이 되어서는 장년의 노래를 부릅니다. 희망찬 행진곡을 부르고, 그립고 안타까운 연가를 부르며, 때로는 군가를 부르고 만가를 부릅니다.

이제 푸름은 가고, 뜨거웠던 열정은 철 지난 바닷가 모래톱에 남겨진 깃대처럼 쓸쓸합니다. 노년의 노래를 불러야 할 때입니다. 저는 수필로 노래합니다. 곡조가 따로 없어도 우리의 언어와 정서에는 본디부터 언어를 초월하고 정서를 초월하는 가락이 있나 봅니다. 부르다 보면 아픔과 슬픔이 진정되고, 위로가 됩니다.

제게 수필문학은 내밀한 자기와의 만남이며, 자기치유(自己治癒)이고 자기성숙(自己成熟)의 노래입니다.

2020년 저자 金順左

▷ 차 례

2. 햇살 속으로

3. 가을에

4. 지금은 누려야 할 때

1.

아름다운 그림

한 조각 햇볕

겨울 창가에 들어온 한 조각 햇볕은
종일 장터에서 묻혀온 채소 냄새 엄마의 품
따뜻한 나의 둥지, 나의 그리움

아! 이제 와 깨닫는 것은 내가 이만큼이라도 된 것은
한 조각 그 햇볕 때문이었음을

겨울 창가 외톨이가 쬐는 볕 한 조각은
비로소 찾은 백발 소녀의 안식
갈퀴 같은 손으로 머리 긁어 재워주시던 엄마의 손길

아! 이제와 볕 한 조각이 행복이라 깨닫는 것은
그것 밖에는 더는 말할 행복이 없는 것임을.

눈, 그리고 환상

도회의 봄은 문 앞에 와있는데, 강원도 산골 봄은 깊은 눈 속에 잠들어있다. 봄이 덮고 누운 눈을 보기 위해 대관령을 넘어서 왔다. 한겨울을 보내고 봄이 오는 길목에 나선 것은, 이곳에 때 아닌 폭설이 내렸다는 소식 때문이다.

내게는 눈에 대한 오랜 환상이 있다. 바깥세상과 단절된 눈 쌓인 산골에서의 몇 밤. 휘영청 달빛 반사광이 가슴 저리도록 푸른 설원. 눈물 같은 설원을 건너 내 창가로 지나가는 밤의 소리. 그리고 라라와 지바고.

제설된 길을 두고 순백이 쌓인 소나무 숲으로 향한다. 이곳에 1m가 넘는 눈이 내려 고립되었다는 기사가 났지만, 지금은 내 정강이가 묻힐 정도의 높이로 줄었다. 그 사이 오대산 봄바람이 시나브로 지나다닌 것이다. 그래도 발자국 하나 남기지 않았다. 정강이가 빠지는 산골 눈을 밟아보기는 처음이다. 짜릿한 쾌감과 함께 기다리고 있을 눈에 대한 기대로 가슴이 부푼다.

사그락 한 발자국, 사그락 한 발자국, 설핏 얼어있는 눈에 빠지며 환상을 찾아간다. 오감이 상기된다. 동경해 왔던 눈과의 해후가 이렇게 이루어지다니. 이 설렘을 상상하며 지난밤을 설쳤다.

건너편 산막이 있는 곳도 솔밭만큼이나 눈이 쌓였다. 아무도 드나들지 않았음이 역력하다. 주위의 금강소나무들은 눈을 털었는데, 두껍게 쌓아놓은 산막 지붕은 햇빛이 반사되어 눈부시게 희다. 그게 되레 적막해서 마음에 맺힌다. 눈 덮인 광활한 러시아 평원, 떠나고 없는 라라의 텅 빈 얼음 궁전 같다. 저곳에 갇혀 눈과 밀월을 속삭였더라면, 내 귀는 신비롭게 열려 산골짜기를 지나가는 밤의 소리를 들으며, 비로소 옷을 벗은 자아가 자연과 합일하는 충만에 흐느껴 울었으리라.

젊은 날에는 환상이 많았다. 꿈과는 다른 공간. 생활을 잉태하고도 생활이 없는 공간. 거기를 많이 배회했었다. 이해할 수 없는 인생이, 막막한 청춘이, 신화 같은 기적이, 수시로 드나들었다. 수없는 환상이 뜨고 지고 부서졌는데 눈에 대한 환상은 왜 지금껏 남아있었는지 모르겠다.

눈 쌓인 솔밭을 걷는 일이 쉽지 않다. 푹푹 빠지는 발을 떼놓을 때마다 중심이 흔들린다. 비틀거려 몇 차례 넘어질 뻔했다. 처음에는 설레고 흥분됐지만, 발을 떼놓는 데 열중하다 보니 눈을 느낄 겨를이 없다. 그토록 달콤한 꿈을 꾸게 하던 대상이 거센 태클을 걸어온다. 애를 쓰며 걸어보지만 더는 갈 수 없을 것 같다. 문득, 평온한 눈 밑에 무엇이 숨어있을지 모르겠다는 생각이 든다. 어떤 험한 바위와 구렁이 있고, 자빠진 나뭇가지와 불거진 나무뿌리가 숨어있을지 모르겠다. 자칫 위험한 일을 당할 수도 있겠다. 난감하다.

내겐 아직도 꽃잎처럼 흩날릴 노래가 남았는데, 눈은 냉정하게 거절한다. 목 긴 장화와 헬멧은 없어도, 시린 눈밭 아스라이 발자국은 남길 수 있는데, 눈은 시퍼런 오만으로 냉대한다. 오랫동안 꿈꿔왔던 눈과의 해후를 이렇게 망치다니. 산골짝 깊은 눈을 보고 싶어 하는 나를 위해 이곳에 사는 문우가 배려를 아끼지 않았다. 아이를 걱정하듯 차편을 마련해주고, 길동무까지 만들어 주었다. 그가 아니었더라면 엄두도 못 낼 일이다. 고마운 정을 생각하니 무모한 나 자신이 더욱 무모하게 느껴진다. 어느새 내 한계가 여기까지 와있었던가.

환상은 환상으로 있을 때 아름답다. 그 아름다움이 순간의 것일지라도. 눈을 걷어 터놓은 길로 돌아가야겠다. 그래도 미련이 남는다. 가볼 수 없는 곳에의 미련을 떨칠 수가 없다. 더 깊은 골에는 어떤 설경이 펼쳐있을까. 세차게 떨어지던 폭포는 얼음꽃을 피워 놀라운 경치를 만들어놓았겠지. 산산이 부서진 환상을 옆에 두고 또 환상을 만든다.

내 환상은 늘 비생산적이다. 위대한 환상이 우주를 개척하고, 극지를 정복하고, 불후의 예술작품을 남기지만, 나의 환상은 그런 것과는 거리가 멀다. 사랑, 향기로운 집착과 애증. 욕망, 잡히지 않는 유혹. 미래, 교활한 사기꾼. 그런 것들이다. 그것들이 환상 속에서는 무중력 상태가 된다. 그리하여 지고한 아름다움으로 떠다닌다. 비록 내 환상이 비생산적이고 조잡할지라도, 때로는 그것에 매몰되기를 환상한다.

'인간은 누구든 환상이 그에게 빌려주는 것보다 더 큰 행복을 갖지 못하기 때문에.'(소포클레스)

졸졸거리는 소리가 들린다. 내려다보니 얼어있는 눈 계곡 가운데로 실개울이 지나가고 있다. 물살에 갉아 먹힌 개울 가장자리 얼음이 흡사 벌레 먹은 이파리다. 듬성듬성 가냘픈 고드름도 달렸다. 지금은 저래도 한때는 우렁찬 계곡물이었을 것이다. 약하지만 쉬지 않고 흐르는 소리. 봄이 깨는 소리.

봄은 저렇게 냉혹한 겨울을 끊임없이 쪼며 온다. 단단한 얼음을 깨어 길을 내며 온다. 잊힌 아픔으로 여름을 건너고, 보람을 빼앗긴 가을을 돌아서 이만 큼에 와있다. 제 길을 찾아가는 여정이 멀고도 고달프기는 자연도 사람과 마찬가지다.

그 길에 환상은 없다. 설원은 설원일 뿐이고, 라라는 라라일 뿐이다. 전율할 설광은 자연스러운 풍경이며, 밤은 언제나 소나무 숲길을 지난다. 지금 나는 그것을 확인하고 돌아간다. 하지만 그들은 내게 있어 삶을 꿈꾸게 하는 광휘였다.

환상! 기대하고 실망하고, 쌓고 부서지는 허망. 어쩌면 우리의 삶도 허망에 기대어 꿈꾸다 가는 환상과 같은 것이 아닐는지. 삼백초 차를 끓이고 있을 산 아래 문우가 새삼 따숩게 다가온다.

부러진 무지개

자고 난 밤사이 여름 한철이 부러졌다. 창을 열고 맞이하는 서늘한 아침 기운이 어제까지 맹렬하던 더위의 잔해 같다. 계절은 언제나 그렇게 오고 가는 것. 새삼스러운 경험도 아니건만 무엇을 잃어버린 것처럼 허전하다. 가을을 재촉하듯 비까지 내리니.

날씨는 갈수록 음산해지고 비는 그칠 줄 모른다. 핑계 삼아 온종일 텔레비전만 괴롭혔다. 그런데 다 저녁 해거름에 갑자기 거실 창문 한쪽이 쨍해진다. 웬일인가 창 너머로 보니, 서쪽 하늘 먹구름을 가르고 오월 같은 하늘이 내밀고 있다. 그야말로 '찬물로 금방 세수를 한 스물한 살 청신한 얼굴이다.' 그 맑디맑은 틈새의 하늘에서 눈부신 햇살이 쏟아진다. 끌리듯 베란다로 나갔다. 언제 솟았는지 동쪽 하늘에 쌍무지개가 걸려있다.

얼마 만에 보는 기적인가. 그것도 쌍무지개. 하지만 가슴이 가버렸는지 소스라치는 감동이 일지 않는다. 그래도 덤덤한 한 조각이 물기를 머금는다. 보남파초노주빨. 빨주노초파남보. 어느 순서가 무지개고 어느 나열이 프리즘이던가? 무지개는 찬란한데 생각은 가물가물.

하늘의 무지개를 볼 때마다
내 가슴 설레느니,
나 어린 시절에 그러했고
다 자란 오늘에도 매한가지.
쉰 예순에도 그렇지 못하다면
차라리 죽음이 나으리라. - 워즈워스

무지개는 아름다웠다. 흰옷 입은 천사가 오르내리는 사닥다리이고, 이웃집 철근이가 쏘아 올린 영롱한 오줌발이었다. 담벼락에 오줌 그림을 그릴 때 내놓는 철근이 고추는 야릇했지만, 조그만 그것이 쏘아 올리는 포물선은 반짝이는 오색 무지개였다. 아이다운 별별 상상과 설렘을 안겨주던 무지개는 기억도 할 수 없는 사이 가버리고, 소낙비 갠 뙤약볕엔 또 다른 무지개가 수없이 떴다. 먹구름에 싸여있어도 뜨겁기만 하던 무지개. 혜성처럼 떴다가 떨어져도 황홀하기만 하던 무지개. 죽자고 달려가면 잡을 수 있을 것 같던 무지개. 무지개는 떠 있을 때만 아름다운 것이 아니라 지고 없어도 아름다웠다.

어디서 오는지 집채만 한 먹장구름이 스멀스멀 무지개를 향해 몰려든다. 서쪽 하늘 먹구름 틈새에선 여전히 햇빛이 쏟아지고 있는데, 흉물스러운 덩어리가 무지개를 위협한다. 아니나 다를까 쌍무지개 허리를 무지막지하게 덮어 치운다. 슬금슬금 머리를 삼켜버린다. 뒤쪽 무지개가 먼저 뭉그러지고 말았다. 보기 좋은 쌍무지개가 오래 떠 있기를 기대했으나 순식간에 무너졌다. 이제 앞쪽 무지개 밑동만 남았다. 그것마저 삼킬 듯이 에워싸던 검은 덩어리가 멈칫, 호수 같은 공간을 만들어놓고 거기에 가둬버린다. 그러고 더는 덤벼들지 않고 야수기만 한다. 무지개는 먹구름 둘러쳐진 호수에 빠진 등걸이 되고 말았다.

허무하게 남은 무지개 등걸. 아름다운 자태는 가고 우러러보던 영광은 떨어졌다. 설렘이 사라진 호기심은 마른 꽃처럼 쓸쓸한 것. 그러나 그래도 무지개다. 하늘 높이 솟아올라 만인의 가슴을 요동치게 하던 노래요, 시요, 기쁨이었다. 꿈이요, 동경이요, 환상이었다. 무지개로 뜨기 위해 기다린 세월이 얼마인가. 모태라 할 수 있는 물의 기원까지 따라가려면 더 오랜 신비의 시간으로 거슬러 올라가야 한다. 뿐인가. 뇌성 번개 속에서도 태양 빛과 해후를 꿈꾸며 씻고 가다듬은 노역은 어떠했으며, 대망의 기회가 무산된 절망감은 어떠했던가. 인고의 가슴들은 기다리다 기다리다 통곡이 되어 하늘을 찢고 사라져갔다. 물보라가 되어 회한의 강으로 흘러갔다. 세상에 무엇으로 현신(現身) 되는 것은 기적과 같은 일이 아니랴. 가만히 보고 있으니 허무하게 부러진 무지개토막이 아니라 기적을 이룩한 물방울의 찬란한 깃발이다.

먹구름 호수에 떠 있는 깃발을 본다. 한정(限定) 안에서 자유하는 낭만을 본다. 동전만큼 남은 맑은 하늘을 온 세상인 양 누리고 있다. 언제 사라질지 모를 깜짝 햇빛이 영원일 것처럼 여유롭다. 부러져 없어졌어도 아직 줄 것이 있음에 기쁘다. 보라색은 보라에게. 초록색은 초록에게. 소년에겐 미지의 환상을. 비로소 깊이 들여다보는 자기 정체성과의 대면이 허무를 긍정하는 것이다.

허무를 허무로, 상실을 상실로 그치는 것은 비탄과 눈물일 것이다. 초조일 것이다. 허무에의 긍정은 연민과 사랑과 낭만이리라. 일곱 빛 선명하던 경계선 다 지우고 두리뭉실 붉어진 등걸의 빛이 시공을 자유 하는 낭만의 빛 같다.

자고 난 밤사이 여름 한철이 부러지고, 그렇듯 무지개가 부러졌다. 인생 한철도 그렇게 덧없이 부러지는 것. 가버린 가슴. 무너진 육체. 의미는 없어지고 모멸로만 남아있는 듯. 건강한 정신도 때로는 허무에 으스러진다. 그러나 지금, 무지개는 부러졌어도 모멸로 남지 않고 고운 빛 낭만으로 남았다. 나 또한 늙어 부러진 무지개처럼 되어도, 남아있는 생애의 날들이 빛 고운 낭만으로 물들어가기를. 해거름의 무지개는 기도이어도 좋으리라.

모과

후두둑 벚나무 단풍이 떨어진다. 은행잎이 팔랑개비처럼 날아간다. 태광산업연구소 앞 버스정류장. 버스 도착 시각은 17분 후. 벚나무 가지 사이로 가을이 가고 있다.

울타리 너머 하얗게 핀 들국화가 바람을 따라 휘어진다. 가을꽃은 슬프다. 하늘도 슬프다. 사연이 많아서 그런 것이 아니라 체질일 것이다. 포도에 떨어져 가루처럼 부서진 낙엽. 이제 곧 어디론가 흔적 없이 쓸려가겠지.

한밭수목원 모과나무도 낙엽이 지고 있다. 모과나무는 감나무 같은 고운 단풍이 없다. 벌써 앙상한 모습이다. 그래도 이 나무가 보고 싶어 버스를 탔다. 엑스포다리에서 내려 여기로 오기까지, 아담한 홍자단을 만나고, 무리 지어 반기는 피라칸

타 새빨간 열매도 만났다. 보라색 세이지가 넓은 바다 파도처럼 넘실거리고 있었다. 하지만 사랑했던 구절초, 벌개미취, 코스모스는 만날 수가 없었다. 새로 핀 꽃과 열매들이 반겨주고 웃어준들, 마음 나누었던 그들을 대신할 수 있으랴.

올해는 까치밥이 되어주던 모과나무 열매도 남아 있지 않다. 하늘은 아득히 푸르고, 떨어진 연처럼 앙상한 가지에 걸려있던 모과. 그 아릿한 정감이 그리워 찾아왔는데 서운하다. 그러나 나무 밑에 상처투성이 모과 두 개가 떨어져 있다. 어미 곁을 떠나지 못해 엄마나무 바로 아래에 나란히 떨어졌다. 날짐승에게 파 먹힌 검은 흉터가 찡하다. 아팠으리라.

곳곳에 상처를 입고 떨어진 모과. 울퉁불퉁, 거뭇거뭇, 참새에게 쪼이고, 까치에게 쪼이고, 나무 밑에 떨어져서는 온갖 벌레에게 단물을 빨린 모과. 저물녘 팔다 남은 채소를 담아 이고 오신 어머니 푸나물 통에 담겨있던 그 모과다. 어머니가 장터에서 사다 주시는 과일은 성한 것이 없었다. 찍히고 찌그러져서 팔리지 않아 남아 있던 떨이 과일이었다. 학교에서 배운 대로 상한 과일 먹으면 안 된다고 철없는 투정을 부렸었지만, 나는 썩은 과일 하나 사다 드리지 못하고 어머니와 이별했다.

내 앉은뱅이책상 위에서 곯아가던 패이고 금 간 모과 한 알. 세상의 좋은 것은 다 먹이고, 다 입히고, 다 사주고 싶었던 어머니 마음. 말라서 버려야 할 때까지 정든 향기를 거두지 않았다. 이제 와 그 냄새 절절해도 소용없는 일이다.

그이와 내가 고래 등 같은 집을 짓고 심었던 모과나무 열매는 매끈하고 고왔다. 나뭇잎 사이에서 수줍게 피는 꽃도 발그레 예뻤다. 동무하는 복사꽃처럼 흐드러지지도 않고, 달착지근한 대추꽃 같은 향기도 없지만, 우리는 그 꽃을 좋아했다. 마음이 맞았다. 커다랗게 맺힐 열매를 기대하며 마주 보고 웃었다. 그러나 그날의 웃음도, 그이도, 속절없이 가고 없다.

모과나무 아래서 향수를 줍는다. 하지만 이제 그 향수도 쓸려간 낙엽처럼 잊혀간다. 잊으려고 애쓰지 않는데 잊힌다. 나마저 가고 나면 누가 어머니를 기억할까. 치매와 중풍으로 쓰러진 아버지를 어린 막내딸에게 맡겨놓고, 살벌한 장터에서 삶을 치러야 했던 어머니. 힘겨운 그의 어깨를 누가 속속들이 연민할까. 내가 떠나고 없으면 누가 남편을 애틋하게 추억할까. 자식들의 즐거웠던 날들 뒤에 숨어있는 깊은 강과 높은 산, 외진 골짜기를 지나며 포효했던 고독을. 못다 살고 간 계절을.

죽고 난 뒤에 무엇을 남기겠다는 사람은 어리석은 사람이다. 그것을 위해 오늘을 희생시키는 사람은 더욱 어리석은 사람이다. 죽음 뒤에 남는 것은 허무. 수고도 덧없고, 애씀도 허망하다.

겨울이 들기 시작하는 동해의 바닷가를 서성이고 있었다. 높은 산 너머로 해는 지고 없는데 산마루 하늘에 장대한 노을이 불타고 있었다. 인적 없는 바닷가 모래톱엔 깃발 없는 깃대가 홀로 외롭고, 생선을 걸어 말리던 철망엔 잠자리 한 마리가 곤한 몸을 쉬고 있었다. 넘어가는 해가 데워놓은 따뜻한 온기가 그를 부른 것이다. 쓸쓸한 바닷가. 파도는 밀려왔다가 나가고, 또 밀려오고. 산마루 불타는 노을이 얼마나 장미 하든지 기도를 올릴 때처럼 감정이 북받쳤다.

'해는 노을을 남기고 떠났는데 나는 무엇을 남기고 떠날까.'

그 생각을 떨치지 못하고 산다. 글을 쓰는 이 순간도 누구의 가슴 속에 남아 있을 글이기를 바라며 쓴다. 지상의 생명 가진 존재 모두는 무엇을 남겨야 한다는 절박감을 느끼며 사는 것일까. 사람만 그런 책임을 갖고 사는 것일까.

꽃이 피고 지고, 새들이 짝을 찾고, 맹수가 사냥을 달리고. 그들의 행위는 무엇을 이룩하거나 남기려고 하는 것이 아니다. 지금을 사는 행위이다. 지금을 사는 그들의 모습은 아름답다. 반짝이는 신록과 흐드러진 꽃과 시드는 단풍. 온갖 새들의 깃털과 역동적인 짐승들의 몸짓. 감격이고 신비다. 구태여 무엇을 남기려 애쓰지 않아도 그들의 감격과 신비는 단절되지 않고 흐른다.

같은 자연이면서 유독 인간만이 무엇을 남기려고 애쓴다. 이름을 남기고, 재산을 남기고, 업적을 남기려 한다. 묘를 쓰고 비석을 세워서라도 자신의 흔적이 이승에 남아 있기를 바란다. 그러나 모과나무 아래서 행복했던 그날은 그이와 나의 오늘이었고, 어머니가 풋나물 통에 모과를 담아서 이고 왔던 그날은 치열한 장터에서도 고들빼기꽃 같은 낭만이 피었던 어머니의 오늘이었다. 우리의 삶은 무엇을 더 하거나 남기지 않아도 사는 그대로 아름답다. 위대하다. 그 아름다움과 위대함도 면면히 흐를 것이다.

죽음 후의 허무한 것들을 사랑하느니 오늘을 사랑할 것이다. 지금 내 시간, 지금 내 곁에 있는 사람, 지금 내게 찾아온 기쁨과 감사. 작더라도 지금 내가 할 수 있는 가치 있는 일, 그것들을 사랑할 것이다. 그리고 그것들을 누리며 살 것이다. 내 곁에 있는 고통까지도. 그것이 진정으로 인간이 책임적 존재로 사는 모습이 아닐까.

돌아갈 버스를 기다린다. 낙엽 구르는 거리에서. 쓸쓸한 정서가 살갗을 파고든다. 엄마나무 밑에 떨어진 모과도 슬펐다. 가을꽃이 그랬던 것처럼. 운명(殞命) 뒤의 허무한 것들을 움켜쥐고 오늘을 살지 못하는 사람은 더욱 슬픈 체질일 것이다.

아름다운 그림

여름철 이른 아침은 여느 계절의 낮과도 같다. 탱글탱글 햇살이며, 농도 짙은 햇볕이 흡사 대낮이다. 그 아침 풀밭 사잇길을 걷는다. 짙푸른 풀숲에 떨어질 듯 맺힌 이슬방울들. 말갛게 피어난 노랑 하양 보라색 들꽃. 싱그럽다. 그들의 생기가 내게로 와서 금세 상쾌해진다.

그날도 이맘때쯤이었다. 논둑길을 가고 있었다. 햇빛에 반사된 벼 이슬이 쏘는 듯 반짝거렸다. 오늘 아침 풀밭 같은 논벌이었다. 매미 떼 소리가 소낙비처럼 쏴 내리다가 뚝 그치고, 쏴 내리다가 또 뚝 그치고. 그러더니 목청 좋은 놈이 혼자 와서 자지러질 듯이 울어댄다. 그 소리를 듣고 흰 새가 날아왔는가. 질펀한 초록 벌 저 끝 한가운데에 한 점 순백이 끼어들었다. 바다에 뜬 부표 같기도 하고, 흰 새가 날개를 접어 앉은 것 같기도 하다. 그것이 끼어들어서 초록빛 반짝이는 넓은 벌에 흠집이 난 것은 아니다. 오히려 아련히 보이는 흰색과의 대비 때문에 더욱 풋풋하다.

호기심을 떨칠 수가 없어서 그곳에다 시선을 두고 걷는다. 이윽고 다다라서 보니 머리에 하얀 수건을 쓴 여인이다. 바가지로 부지런히 벼를 훑고 있다. 더 가까이서 보니 볏잎에 맺힌 이슬을 훑어서 다른 바가지에 담고 있다. 아이를 업은 여인이 남편의 약으로 쓸 벼 이슬을 훑고 있었다.

이슬을 훑던 여인이 옥이 엄마였다는 사실을 안 것은 큰언니가 빌려다준 하얀 치마저고리를 입고 중학교 학예회에서 춤을 추고 난 후였다.

옥이 엄마는 시집간 큰언니와 한동네에 살았다. 스무 살 되던 해에 일본 유학 중인 남편과 결혼해서 옥이를 낳았다. 신혼의 꿈도 다하지 못한 채 떨어져 살게 된 새댁은 남편이 돌아올 날만을 고대했다. 그러나 그리워하던 남편은 폐결핵이 깊어져 각혈하는 상태로 돌아왔다. 좋다는 약은 다 써 보았지만 차도가 없었다. 갖가지 민간요법은 말할 것 없고, 심지어 산모의 태반까지 구해서 약으로 썼다. 하지만 백약이 무효였다. 누가 비약(秘藥)이라며 일러주었다. 볏잎에 맺힌 이슬을 먹이면 병이 낫는다고. 그 말에 희망을 걸고 벼가 패고 익어서 더 다닐 수 없을 때까지 이슬을 훑으러 다녔다.

한 폭의 수채화 같던 그 아침 논벌은 두고두고 바래지 않을 그림처럼 선명하게 소녀의 가슴에 걸렸다. 그러나 나풀거렸던 소녀가 여인이 되고, 여인이 한 인간으로 성숙해가면서 그림은 조금씩 변해 갔다. 그리도 마음 빼앗았던 푸른 들판과 반짝거리던 이슬은 희미해지고, 한 점 순백만이 부표처럼 떴다가 가라앉았다가 뚜렷했다. 하지만 그것이 의미하는 것이 무엇인지는 확실히 알 수 없었다. 소녀일 때는 액자 안의 상큼한 풍경이었던 것이 한 남자의 아내가 되고서는 남편을 향한 순정으로 이해했다. 그러면서 걸어놓은 장소도 마음 외벽에서 내벽으로 옮겨왔다.

그 세월을 지나는 동안, 소녀에게도 질펀한 세상 벌 굽이에 눈물을 뿌리며 남편의 약을 훑으러 다니던 날이 있었다. 사그라지는 남편의 명줄을 붙잡고 여기에도 걸어보고 저기에도 걸어보며 매달려 애원하던 날이 있었다. 물 위에 뜬 부표처럼 맥 놓고 흔들리던 날도 있었고, 흰 새가 되어 허허한 날갯짓을 하던 날도 있었다.

돌아와 바라보니, 질펀한 논벌에 끼어들었던 한 점 순백은, 달콤하기까지 했던 그 아침의 서경은, 감상이 아닌 여자의 한이고 숙명이었다.

이슬방울 몇만 개를 훑어서
약물 한 모금을 얻었을까
깜박 붙은 새벽잠을 원망하며
논으로 달렸을 옥이 엄마
바가지질 굽이마다 고인 눈물은
이슬이 되어 맺혔으리라
등에 업은 옥이가 보채며 울던 날엔
엄마의 눈물이 만 리 강물로 흘렀으리라.

시립미술관에 밀레 전(展)을 보러 갔다. 덕수궁 돌담에 한 자도 넘게 쌓인 눈이 시리게 하얬다. 나는 밀레의 어떤 그림 앞에서 오랫동안 머물러 있었다. 추수가 끝난 밭에서 생존을 줍는 여인들이 거기 있었다. 나는 거기에다 한 점 순백을 그려 넣었다.

바르비종이 낭만의 산실이 아닌 고달픈 실존의 산실이었듯이, 순백의 점도 죽음과 맞선 애달픈 실존이었다. 생존을 위해 이삭을 줍는 여인과 남편의 목숨을 살리기 위해 이슬을 훑는 여인. 그건 그림이 아니라 한을 잉태한 여인들의 찬란한 희망이었다.

그곳에 천사가 날아왔다. 신이 찾아왔다. 눈부시게 쏟아지는 햇살 사이로 비치는 여인들의 하얀 머릿수건이 천사를 닮아있었다. 줍고 있는 이삭은 신이 남겨두신 사랑이었다.

고통 하는 현장에 신은 함께 계시며, 일그러진 인간상에도 천사의 모습은 있다. 그래서 인생은 아름답다. 때로는 환멸이고 절망일지라도, 그래서 인생은 아름답다.

소녀적 막연하게 좋아했던 밀레의 이삭줍기가 오늘은 나만이 보는 한 점 순백의 희망이었다.

버리지 못하는 꽃

몰아치는 한파와 폭설로 온 세상이 꽁꽁 얼어붙었다. 날씨 따라 사람 마음마저 을씨년스러워진다. 꽃가게 앞을 지나다가 기분이 밝아질 것 같아서 치자색 장미꽃 한 송이를 샀다.

셀로판지에 싸서 주는 장미를 받아들고 "아주머니도 꽃처럼 예뻐요." 화사하게 단장한 꽃집 주인을 칭찬했더니, 답례로 프리지어 두 줄기에 안개꽃 한 줄기를 얹어서 따로 싸준다.

프리지어는 침실에, 장미는 목이 긴 칵테일 잔에 꽂아서 거실에 두었다. 프리지어는 방에 들여놓자마자 움츠렸던 꽃잎을 펴서 짙은 향기를 발산한다. 향기가 나의 어느 부분을 자극하는지 기분이 좋다.

그날 밤 프리지어 향기를 맡으며 달콤하게 잠이 들었다.

사흘째 되는 날, 프리지어가 향기를 뚝 그쳤다. 아름답게 피어나기를 기대했던 장미는 봉오리인 채로 말라가고 있다. 오래 두고 볼 셈으로 봉오리로 골랐는데 피지 못하고 말라간다. 갑자기 바뀐 덥고 건조한 환경이 독이 된 것이다. 어쩌다 비닐하우스 겨울꽃으로 생겨나서, 타고난 미모도 명예도 누리지 못하고 내 집에 와서 죽어가는 운명. 프리지어는 향기라도 발산해 보았지. 피지 못하고 말라가는 장미가 애달파서 부엌 창가에 옮겨놓고 마음을 준다. 거실보다 습기가 많을 테니 행여 피어날까 해서.

내 바람에 보답이라도 하듯, 장미가 안간힘으로 겉잎 한 장을 피워내었다. 피웠다고는 하지만 아랫도리는 풀지 못하고 간신히 꽃잎 끝만 펴서 뒤로 젖혔을 뿐이다. 그러나 그 불구의 개화과정이 얼마나 처참했던지 꽃받침이 뒤집히고, 하얀 배꼽이 드러나고, 꽃잎 가장자리가 중병 앓은 입술처럼 새까맣게 탔다. 내가 멋진 잔에 꽂아놓고 즐기는 사흘 동안, 그는 악조건과 맞서 사투를 치른 것이다. 그러고서 실낱같이 남은 힘으로 저 모양 개화를 했다.

나는 집에서 기르는 화초에 정을 붙이면서부터, 문득문득 그들에게도 사람이 알 수 없는 신비한 세계가 있으리라는 생각을 한다. 사람과 똑같이 육체의 고통을 느끼며, 꽃이 핀 날의 기쁨과 꺾이는 날의 슬픔, 시드는 날의 눈물이 있을 것이라고.

저 지경이 될 때까지는 생명을 포기하고 싶은 충동이 수없이 일었으리라. 그러나 끝까지 포기하지 않고 불구로나마 피어난 장미. 저건 살고자 하는 욕망도, 자포자기도 아닌, 오로지 받은 소명(召命)을 온 힘으로 수행(遂行)한 것이다.

내 기억 속에는 장미보다 더 아픈 또 하나의 감동이 자리하고 있다. 서울에서 수원으로 옮겨올 때, 여러 사정으로 살던 집을 한 달여 비워놓게 되었다. 그때 수년 동안 기르던 알로에 화분을 베란다에 두고 왔다. 모종을 얻어다가 저만큼 키워놓고 가버린 사람이 생각나서 싫었고, 물을 줄 때마다 느끼는 우울한 감정에서 벗어나고 싶었다. 돌보지 않으면 자연스레 죽겠지 여기며 떠났는데, 한 달 후에 와보니 꽃대를 길게 올려 꽃을 피우지 않았는가. 폭염이 내리 꽂힌 삼복더위에.

그러나 거기, 유리창 볕이 창백하게 들끓는 밀폐된 공간 거기에 있는 것은, 찬란한 개화가 아니라 극한의 환경에서 꽃을 피운 처절한 고통이었다. 화분의 흙은 굳을 대로 굳어 돌덩이 같이 변했고, 생기 왕성하던 잎은 기근으로 숨져간 소말리아 아이처럼 사지가 뒤틀려있었다. 손을 대면 바스락 가루가 될 것 같은 비참한 육체. 그건 바로 고통의 실체 그 현시(顯示)였다. 그런데도 꽃대를 떨어내지 않고 한 방울 물이라도 남았을까 빨리고 있었다. 그때의 충격이라니. 생명을 수행(遂行)하려는 알로에의 무구(無垢)한 고통 앞에서 내 온몸 세포가 경련을 일으키는 것 같았다.

뜨거웠던 그 순간을 생각하면 생명 가진 존재의 비애가 내 안 깊숙이서 울컥거린다. 살고 싶다 해서 살아지는 것도, 죽어라 해서 죽는 것도 아닌, 그러나 한 가지로 죽음이란 끝점을 향해 가는 생명. 그것을 두고서 그리도 치열하게 바윗덩어리를 밀어 올려야 하는 존재들. 꽃이 그렇고, 사람이 그렇고, 생명 가진 모든 존재가 그렇다. 한 알 씨앗이 떨어져 청청한 나무가 되기까지, 강변 자갈밭에 떨어뜨려 품은 물새 알이 깨어나서 강물로 날아들기까지, 유영하는 물속 어류며 땅 밑 벌레까지, 어떤 위험과 고통에서 탄생하며, 어떤 절망과 죽음의 벽을 넘으며 생명을 유지하는가. 만물의 영장이라는 사람은 또 어떤가.

오늘, 고향 소꿉친구가 바다에 몸을 던졌다는 비보를 받았다. 호수 같은 해변을 거닐며 낭만에 휘어지고 꿈에 부풀었던 우리. 그 푸른 해원에 몸을 던졌다. 서른 중반에 홀로 되어 온갖 풍파 견디며 어린 자식 셋을 성가 시킨 이제, 안락한 노후를 누려야 하는데. 외로운 먼 길을 돌아 여기까지 와서 마지막을 포기해버린 친구. 뻔한 결말이 전제된 그 길을 가려고 애써 나고 사는 존재들이 슬프다.

그렇다 할지라도 울어버려서는 안 된다. 생명 가진 존재의 비애가 유혹할지라도 울어버려서는 안 된다. 사람이 산다는 것은 기쁨과 행복만이 아니라 수많은 고통과 절망을 끌어안고, 그 속에서 사람의 길을 찾으며 가는 것이다. 인내하며 가는 것이다. 불구로나마 피어난 엄동의 장미. 밀폐된 공간 거기 알로에. 생명의 절정은 울어버리는 자리를 넘어서 피는 마지막 꽃이다.

프리지어와 안개꽃을 장미를 꽂아놓은 꽃병에 함께 꽂는다. 마르고 너절하여 산뜻했던 처음 모습들은 찾을 길 없다. 그러나 자기 앞의 生을 거절하지 않고 끝까지 이른 모습이기에 아름답다고 하면 잔인한 표현일까.

그렇게라도 오래 두고 보려 했더니 프리지어 꽃이 떨어져 창틀에 쌓인다. 순백으로 아련하던 안개꽃이 부서져 가루처럼 흩어진다. 장미는 춘희처럼 죽어간다. 벌써 버렸어야 할 꽃들이다. 그러나 아직 물기 가시지 않은 꽃잎이 남아있어 버리지 못한다.

꽃도둑

화단 맨 앞줄에 일렬로 심어놓은 국화는 노랗게 피는 소국이다. 봄비가 몇 차례 내리더니 소복해졌다. 여름비 몇 번 맞고 나더니 껑충 자랐다. 웃자라지 않게 잘라주어야 할 때다. 그래야 타박하게 자라서 보도와 화단 사이의 경계선 구실을 잘 하고, 명랑한 색깔과 상긋한 향기가 겨울이 이르도록 기쁘게 해준다. 제때에 잘라주지 않고 자라는 대로 내버려 두면 볼품이 없다. 장마나 거센 바람에 쓰러지고 흩뜨려져서 결국 쳐내지고, 그해는 꽃을 보지 못한다.

화단에서는 커다란 자목련과 보리수, 유가, 철쭉들이 터줏대감 노릇을 한다. 그리고 하얀 꽃 옥잠화가 한자리하고 있다. 옥잠화는 1층 아주머니가 심은 화초다. 여러 해 전에 심은 것이라 성숙할 대로 성숙해서 일가(一家)를 이루었다. 꽃철에는 볼만하다. 타

원형의 넓은 잎도 한철 한다. 음산한 화단에 제일 먼저 봄을 물고 왔던 봄까치꽃이 날아가고, 철쭉과 개나리마저 지고 나면, 후덕한 옥잠화 잎이 비비추와 더불어 한동안 꽃 역할을 한다. 1층 아주머니가 베란다 창을 열고 호스로 물을 주면, 물방울 앉은 이파리들이 얼마나 싱그러운 아침을 선물하는지.

그러다가 봄이 가고 여름이 올 즈음에 꽃대를 올려서 꽃을 피우기 시작한다. 옥잠화의 흰빛은 여느 흰 꽃과는 다르게 맑고 깨끗하다. 길죽한 꽃봉오리가 오므려있는 낮 동안은, 티 한 점 묻지 않은 하얀 옥비녀 같다. 그것이 밤이 되면 신비한 자태를 열고 활짝 펴서는 은은한 향기로 온밤을 들뜨게 만든다. 옛날 이웃 할아버지께서는 이 꽃을 기생꽃이라고 하셨다. 밤이면 화사하게 단장하고 분 냄새 피우며 나타나는 여인이 남정네들 눈에는 옥잠화 같았을지 모른다. 옥잠화는 야한 꽃이 아니다. 함부로 속내를 보이지 않는 고상하고 기품 있는 꽃이다. 그 시절 기생들도 가무서화(歌舞書畫)에 능한 예인으로서의 품격이 있었을 것이다. 노류장화(路柳墻花)가 아닌 범접할 수 없는 꽃이기에, 언감생심 범부들은 멀리서 훔쳐 품어 보았을 것이다.

우리 아파트 사람들도 옥잠화를 사랑한다. 꽃이 피면 지나다가 멈춰서 구경을 하고, 사진을 찍는다. 옥잠화를 얻어가고 싶어 우리 동(棟) 경비아저씨에게 청을 넣는 사람도 있다. 그러나

1층 아주머니는 거절한다. 이제 일가를 이루어서 한창인 옥잠화 식구들을 떼놓을 수는 없다.

그 옥잠화가 어느 날 깡그리 없어졌다. 밤사이 도둑을 맞은 것이다. 1층 아주머니가 발견하고 소란이 났다. 우리 동 경비아저씨가 책임추궁을 당하게 생겼다. 당연하다. 아파트 경내를 살피고 지켜야 하는 것이 경비원의 임무다. 경비아저씨가 옥잠화를 찾으러 다녔다. 1층 아주머니도 시간을 들여 옥잠화를 찾아다녔다. 1단지에서 5단지까지 샅샅이 살폈지만 찾지 못했다. 나중에 아저씨가 알아냈다고 귀띔해주었으나 누군지는 밝히지 않았다. 하기야 CCTV가 곳곳에 붙었는데 마음만 먹으면 왜 찾지 못할까.

내친김에 그동안 꽁하고 있던 내 심사를 꺼냈다.

"국화는 누가 파갖고 갔을까요."

"아, 그거요. 제가 뽑아버렸어요. 산책 나온 강아지들이 오줌을 싸서 죽었어요."

"한 놈이 싸고 가면 다른 놈이 거기다 또 싸니까요."

여름 가뭄에 말라가는 국화가 안타까워 11층에서부터 물통을 들고 오르내리며 물을 주었다. 웃자라지 못하게 땀을 흘리며 가위질을 했다. 잡초도 뽑아주었다. 그렇게 가꾼 국화 한 자리가 어느 날 뭉텅 비어있지 않은가. 꽃도 보기 전에 누가 파갔다. 그런데 국화 도둑이 강아지란다.

옥잠화가 얼마나 탐이 났으면 밤중에 와서 훔쳐갔을까. 가슴이 두근거리고 손이 떨렸을 것이다. 하지만 꽃도둑이 어디 그 사람뿐이겠는가. 우리 모두 한 번쯤은 꽃도둑이 되어보았을 것이다. 강아지도 꽃이 좋아 살짝 와서 오줌을 싸고 갔다. 나는 수십 번도 더 꽃도둑이 되었었다. 강가 풀숲에서 간들거리는 구절초와 벌개미취, 주근깨 참나리, 자주 끝동 노랑 저고리를 입은 기생초. 그들을 파다가 내가 사는 아파트 화단에 심고 싶은 충동을 수없이 참았다. 심지어 길가에 핀 개망초는 한 아름이나 꺾어다가 우리 집 꽃병에 꽂아놓고 웃었으며, 고들빼기 노랑꽃도 꺾어서 컵에 꽂아 식탁에 올려놓고 만족했다. 뿐이랴. 뒷동네 울타리 없는 갈빗집(식당) 꽃밭을 구경 다니며 탐스러운 함박꽃을 몇 번이고 마음으로 파왔다. 그 집 화단은 밭이었던 자리인 데다가 사방이 막힌 데가 없어서 백합 한 송이가 내 얼굴만 하고, 개양귀비가 손바닥만 하다. 붉은 가슴 서럽게 피어난 꽃무릇이 몸살 나게 애잔하다. 어찌 갖고 싶은 마음이 생기지 않겠는가. 탐스러운 꽃은 탐스러워서 욕심나고, 서러운 꽃은 서러워서 안고 싶고, 우리 집에 없는 꽃은 없어서 부럽다.

도둑맞은 옥잠화 자리가 허전해서 월동한 작약 한 무더기를 구해왔다. 아저씨가 구덩이를 파서 잘 심어주었다. 다음 날 보니 작약 옆에 팻말이 붙었다. '1104호 꺼.' 옥잠화 소동에 오죽이나 혼이 났으면 그렇게 했을까 헤아리고도 남지만, 쓸데없는 일을 했다. 작약은 내 소유가 아니다. 우리 아파트 사람들의 소유다. 오가며 즐겼던 옥잠화 대신, 작약꽃을 피워서 즐거움을 나누고 싶었을 따름이다. 망초꽃을 욕심껏 꺾어오던 그때보다는 조금 자란 셈이다.

요새는 산과 들에 핀 꽃이나 길가의 풀꽃을 만인이 누려야 할 자연의 선물로 생각하며 아낀다. 뒷동네 갈빗집 꽃들도 내 것처럼 기뻐하며 구경 다닌다. 잘라주지 않으면 웃자라서 볼품없이 돼버리는 것이 국화만이겠는가.

오는 봄 가는 봄

창밖에 봄빛이 완연하다. 화사한 햇살에 끌려 엘리베이터 앞에 섰다. 달려오는 쇳덩이 소리가 겨울 동안 갇혀 지낸 내 몸만큼이나 무겁다. 문이 열린다. 산뜻한 발산기류. 낯선 청년이 우뚝 서 있다. 바리캉으로 뒤통수 머리를 정수리까지 밀어 올리고 앞머리만 굽슬굽슬 파마를 했다. 무스를 발라 멋을 부린 앞머리가 검다 못해 푸른빛이 돈다. 사람에게도 갓 피어난 잎새 같은 반짝거림이 있다는 사실을 청년에게서 발견한다.

오랜만의 충격이다. 802호 청년이란다. 내가 이사 왔을 때 청년은 초등학생이었다. 나는 7층에 사는데 두 형제가 하도 우당탕거려서 뇌성벽력을 이고 사는 기분이었다. 오죽하면 우리 집 아래층에 사는 아주머니까지 달려가서 항의했을까. 몰라보게 변해서 통성명해야 알아보겠다.

올해 대학교에 들어갔다고 한다. 고등학교 3년을 입시지옥에서 살다가 해방된 행운아다. 요즈음 아이들은 초등학생부터 입시지옥에서 산다. 그러다가 고3이 되면 어깨는 처지고 눈동자는 풀린 겉늙은이가 된다. 오죽이나 가뿐할까. 엄마의 성화와 성적의 압박, 학교 선택의 갈림길에서 해방되어 쑥쑥 봄물이 오르는 것이다. 청년은 이제 막 무르녹기 시작한 봄이다.

아파트 출입문을 벗어나자마자 예닐곱 살 돼 보이는 계집아이가 지나간다. 라일락 향이 상큼 스친다. 찰랑거리는 머리에서 나는 린스 향이다. 할머니인 듯한 아주머니 손에 매달려 폴짝폴짝 깨금발로 가고 있다. 무엇이 좋은 모양이다. 손꼽아 기다리던 학교에 들어간 것일까. 저도 모르게 트고 있는 제 안의 봄 싹이 발돋움하는 것일까. 나를 보고 빵긋. 앞니 빠진 개호주다. 학교에 다녀오는 길이라면 할머니도 샴푸를 했을 텐데 유독 아이에게서만 향기가 난다. 어쩌면 내가 잘못 맡았을지 몰라. 새싹에서 나는 봄 냄새를.

햇살 따라 나왔지만 갈 곳이 없다. 하릴없이 공원을 가로질러 버스정류장으로 향한다. 목적지는 없다. 그냥 봄에 끌려서 간다. 꽃샘추위가 미적거리는 쌀쌀한 날씬데도 공원의 개나리가 피었다. 두발자전거를 탄 아이가 몸을 흔들며 순식간에 노랑 꽃 무더기를 지나 산책로 모퉁이를 돌아간다. 흔드는 몸에

흥이 나 있다. 세발자전거를 탄 꼬마 녀석이 죽어라 페달을 밟으며 뒤쫓아 간다. 두발자전거를 따라잡을 심산으로 용을 쓴다. 녀석은 형에게 와있는 봄과 제게 와있는 봄의 거리를 가늠 못한다. 그리고 애쓰지 않아도 곧 따라잡게 되는 만고불변의 룰(rule)을 모른다. 웃음이 번진다. 곳곳에 봄이 와있다.

저리도 무성한 봄 어디에 나의 봄은 와있을까. 내 봄을 찾으러 가듯 버스를 탄다. 서울에 도착하여 두 번을 갈아타고 쌍문동에서 내렸다. 그러려고 했던 것이 아닌데 버스를 타고 가는 동안 '옛날 동네나 가볼까' 하는 마음이 생겼다.

옛집으로 가는 언덕배기 아래다. 바로 가도 될 것을 산목련(함박꽃나무) 생각이 나서 여기서 내렸다.

우리 집은 새로 조성한 주택단지 언덕배기에 있었다. 아우처럼 여기는 후배가 아랫동네에 살고 있었는데 그네 집 가는 골목길에 커다란 산목련이 있었다. 다닥다닥 붙은 어느 판잣집 앞이었다. 그 나무가 좋았다. 꽃만 하얗게 피는 정원의 목련은 풍만한 데다가 도도하여 질리기도 하지만, 잎과 어울려 피는 산목련은 소박해서 좋았다. 꽃철이면 꽃이 피어 좋았고, 여름이면 나무 아래다 무성한 그늘을 드리워서 좋았다. 나무 아래 평상에서 일 나간 엄마를 기다리던 아이는 잠이 들고, 아흔을 바라보는 노모는 눈이 무르도록 아들을 기다린다. 아이와 할머니는 누구네 집 아이, 누구네 집 할머니가 아닌, 골목 안 사람들의 아이고 골목 안 사람들의 할머니였다. 커다란 산목련이 좁디좁은 골목을 더욱 비좁게 만들었지만, 골목 안 사람들은 베어버리지 않았다.

흙먼지 날리는 하얀 언덕배기 길도 좋았다. 언덕배기에 2차선 도로가 뚫려 아스팔트 포장을 하기 전에는 통행로 수준이었다. 자동차라야 몇 대 지나다니지도 않았다. 길 가운데는 도로를 뚫으면서 정리하지 못한 흙무덤 같은 동산도 남아있었다. 나는 해마다 연분홍 치마를 해 입고 언덕배기 흙먼지를 날리며 산목련을 보러 갔다. 실없는 그 짓거리는 내 안의 내가 하는 짓이지만 실제로도 꼭 해보고 싶었다. 그런 낭만이 꿈틀거리면 가슴이 부시었다. 이곳을 떠나 스무 번도 더 봄을 맞았지만, 나의 봄은 서울 한구석 고철 더미처럼 남아있던 그 골목 안에 있었다. 연분홍 치맛자락 나부끼는 언덕배기 하얀 흙먼지 길에 있었다. 그러나 그 봄은 가고 없다.

옛집은 카센터로 변해 있다. 아름답던 돌담을 헐고 철쭉꽃 만발했던 정원을 밀어버렸다. 개복숭아와 모과꽃은 발그레 참 좋았는데…. 두 그루 대추나무에 휘어졌던 열매, 달콤한 꽃향기. 담 귀퉁이에 섰던 커다란 오동나무. 도봉이가 꼬리치며 달려올 것만 같다. 그이가 가꾸다 두고 간 호박넝쿨엔 줄줄이 호박이 맺히고, 고추꽃은 하얗게 피고 졌지. 내 생의 찬란한 봄이 깃들었던 옛집.

그 집 앞에 서성이고 있어도 별 출렁임이 없다. 옛날은 기억의 한 조각으로만 있을 뿐, 무정하리만큼 마음이 담담하다.

어디로 갔을까. 앞동산 검은 나뭇가지에 걸린 달이 뜨거워 풍덩 물속으로 뛰어들고 싶었던 그 겨울밤의 격정은. 어디로 갔을까. 주인 잃은 호박꽃 앞에서 하염없이 흘렸던 눈물은. 마음 따로 몸 따로라더니 마음도 몸 따라 주름지고 검버섯 돋는 것이다. 팔랑이는 바람도, 연분홍 치마도 없어진 봄이 어찌 봄이랴. 급속이 가고 있는 나의 봄을 확인받는다.

아이를 안은 여인이 나를 알아보고 반색을 한다. "아이고, 아주머니 아니세요." 뒷집에 살던 아기 엄마다. 나를 예전대로 아주머니라고 불렀지만 새댁 같았던 그녀가 아주머니가 되어있다. 안고 있는 아이는 딸이 낳은 손자라고 한다. "저희 집 가서 차라도 마셔요." 웃고 있는 그녀 눈가 두어 개 주름에 봄이 가고 있다.

오는 봄 가는 봄. 잔인하면서도 찬란한 유혹에 가슴이 부시다.

정향만리

구독하는 수필지에서 존경하는 스승님의 글을 읽었다. 「일장춘몽(一場春夢)」이란 제목의 짧은 권두 수필이다. 아흔 해를 가깝게 두신 스승님의 혜안을 조용히 듣고 있었다. '나의 방에는 화향천리 정향만리(花香千里 情香萬里)라는 글 한 폭이 걸려있다. 그냥 걸어놓은 글씨가 아니고, 마음으로 느끼고 피부로 깨닫기 위해서라고 할까. 진짜 정향은 만 리를 간다고 생각한다. 만 리뿐인가 영원히 가고 있다. 설사 생명이 다한다 해도 정에는 한계가 없다. 생명에는 한계가 있다. 영원할 수가 없다. 그것을 영원하다고 착각하는 생물이 인간이다. 인간의 그 무모한 생각은 어디서 비롯된 것일까. 끝없는 욕망 때문이다.' 대강 이런 내용이다. 그리고 '왜 나는 이런 말을 하고 있는 것일까. 하나는 인생은 일장춘몽이다를 생각하다가 마침내 정향만리에 이르고 말았다. 그 두 가지 생각을 써보고 싶어서 펜을 든 것이 못난이의 어설한 사설이 되고 말았다.'로 끝맺음을 함축한다. 울림이 깊었다. 소중한 것을 소중한 것으로 알지 못했던 지난 세월이 가슴을 아프게 했다.

정향만 만 리랴. 글 향도 만 리를 갈 것이다. 한 줄 글의 위대함을 가슴에 얹고 스승님께 안부 전화를 올렸다.

수리산 기슭, 선생님 댁 앞에 택시를 세우니 벌써 나와서 기다리고 계신다. 손을 들어 반기시는 선생님을 모시고 근처 보리밥집에서 점심을 하기로 한다. 부드러운 별미를 대접하리라 마음먹고 찾아뵈었는데 원치 않으신다. 원체 겸양하신 분이다. 주인아주머니의 하는 양으로 봐서 제자들이 찾아오면 자주 들르시는 집인 듯하다. 흰밥과 나물, 강된장을 앞에 놓고 선생님께 수업 받던 시절의 얘기며, '일장춘몽'에 대한 어쭙잖은 내 감상이며, 기억에 남아있는 그 시절 문우들의 작품 이야기를 한다. 성인이 되어 문화센터에서 맺은 스승과 제자 사이이지만 엄연히 하늘같은 스승이시다. 그러나 공통의 관심사를 이야기하는 대화 친구처럼 소탈하게 대해주신다. 그러면서도 이야기를 나누는 내내 정중하시다.

수필을 가르치던 시절에도 그러셨다. 기대에 미치지 못한 글일지라도 타박하지 않고, 당신의 주장을 내세워 단정 짓지 않으셨다. 기다려주시고, 이해해주시고, 열어놓고 계셨다. 스승님께 배운 것은 수필작법뿐만 아니라 글을 쓰는 사람의 격이 어떠해야 하는가를 배웠다. 내가 햇수로 오 년여를 배우고 등단했을 때, "등단 후 십 년은 더 정진해야 비로소 글을 쓸 수 있다."라고 하셨다. 그 말씀이 고서(古書)에 배인 향처럼 지워지지 않는다. 뵙지 못한 사이 몸이 많이 쇠하여지셨지만, 아직도 글을 쓰실 만큼 정신이 맑으시다. 예나 다름없이 꼿꼿한 자세와 흐트러짐 없는 인격. 오색 물이 흠뻑 든 깊은 산 나무 같다 하면 무례한 표현일까. 사람의 겉 향이 꽃이면, 내면의 향은 단풍처럼 흠뻑 익은 인격이리라 싶다. 화향천리 정향만리란 말도 원래는 유향(劉向)이 쓴 고서 설원(說苑)에 나오는 화향천리행 인덕만년훈(花香千里行 人德萬年薰)이란 글에서 유래되었다고 하지 않던가.

출입문을 나오시며 "김 선생 올해 몇 살 되었지요." "어느새 일흔을 훌쩍 넘겼습니다." "허허. 이렇게 찾아오기 힘든 일인데." "기회 되면 또 봅시다." 기회 되면 또…. 마음이 아득하다.

돌아오는 길. 집 앞 공원 꽃밭에서 나도 모르게 발이 묶였다. 왜 서 있게 되었는지 알 수 없지만, 꽃 떨어진 코스모스 메마른 꽃대에 시선을 멈추고 있다. 말라버린 꽃대가 무리 지어 흔들린다. 꽃이 없어도 아름답게 느껴진다. 전에는 알지 못했던 아름다움이다. 애써 맺은 수과(瘦果)는 바람을 타고 빗물을 타고 제 갈 길로 가서, 나름의 꽃을 피울 봄을 준비하고 있겠지. 나는 세상을 지나면서 알지 못하여 버린 아름다운 것들이 얼마나 많은가.

가슴을 깊이 열고 '일장춘몽 정향만리'를 새긴다.

돌아보는 인생일 때 조금 덜 아프게

갑천이 주는 선물은 늘 새로운 감동이다. 어느 날 불현듯 참나리꽃을 피워놓거나, 왜가리를 불러오거나, 청둥오리를 띄워놓는다. 요즈음은 푸른 둔치에 건설한 금계국 노랑 물결이 기쁘다.

오늘 아침 햇살은 찬물처럼 맑다. 강줄기를 따라 끝없이 이어지는 둑방과 둔치가 그로 말미암아 싱그럽기 그지없다. 내 시야에 다 넣을 수 없는 초록빛 공간. 거기 한 구간에 금계국 노랑 물결이 태양의 아들처럼 빛난다. 눈이 부시다. 가슴이 부시다.

둑방 위 자동차 길에는 삶터로 향하는 바퀴가 바쁘고, 둔치에 내놓은 인디언핑크빛 자전거 길에는 청춘들이 쌩쌩 달린다. 강을 끼고 뻗은 산책로에는 걷기운동을 하려고 나온 사람들이 활기차게 걷고 있다. 그들 누구에겐들 금계국 눈부신 이 아침이 생명 우쭐거리는 기쁨이 아니겠는가.

그렇다고 금계국이 없는 초원의 아침이 기쁨이 아니었던 것은 아니다. 질편한 풀밭으로만 있어도 생명력 넘치는 기쁨이었다. 싱그러운 푸름이 눈에 닿자마자 툭 터지는 상쾌한 가슴을 어찌 말할까. 시원해지는 눈은? 푸른 생명이 발산하는 건강한 에너지로 말미암아 힘이 솟고, 쭈그러진 세포가 탱탱하게 탄력을 받는다.

금계국이 생동감 넘치는 기쁨일 수 있는 것도 풀밭의 건강한 정서 때문이다. 둑방과 둔치에서 넘쳐나는 초록빛 정서가 금계국을 얼마나 돋보이게 하는지. 풀숲에 섞여서 풀의 꽃인 양 살랑대는 모습이 샛노란 옷을 입고 춤을 추는 무희 같다. 멀리서 바라볼 때는 초원 한 구간을 점령한 놀라움이었으나 가까이 와서 곁을 지나고 있으니 나도 모르게 환희에 도취한다.

무성한 잎도, 튼실한 줄기도 갖지 못한 금계국이 맨땅 어느 구간에 저렇게 자리 잡고 있었더라면, 감탄은 잠깐이고 곧 권태로워졌을 것이다. 생명력 넘치는 초록빛 정서 없이 노랑 꽃무더기만으로 어찌 가슴 우쭐거리는 기쁨을 내뿜을 수 있으랴. 온갖 생명과 공존하면서 다른 생명의 가치를 끌어내어 더 좋은 가치로 만들어가는 풀밭의 넉넉함이 금계국을 환희의 물결이 되게 하였다. 그의 억센 발과 질긴 고집이 연약한 금계국을 짓밟아버렸다면 아예 없었을 기쁨이다. 제게 없는 화려한 꽃을 시기하거나 힘을 자랑삼아 함부로 굴었다면 있을 수 없는 감동이다.

싸락눈 같은 망초꽃도, 붉은 대궁 높이 올린 이름 모를 잡초도, 풀숲을 타고 한나절 살다가는 메꽃도, 풀밭의 넘쳐나는 정서로 말미암아 그들 존재 이상으로 서고, 그들 가치 이상의 정취를 낸다. 비록 인간이 작동하는 제초기 칼날 아래서 무참히 쓰러지고 마는 풀일지라도, 한 생명 안에서 넘쳐나는 정서가 다른 생명의 정서에까지 끼치는 영향이 위대하지 않은가. 그들로 말미암아 내 안의 생명도 펄럭인다.

펄럭이는 환희를 쥐고 얼마를 더 걸었을까. 강기슭에 발을 적시고 서 있는 왕버들 수풀이다. 거기에 결코 이슬이라고 말할 수 없는, 그러나 이슬이라고밖에 할 수 없는, 아이들 구슬치기에 쓰는 유리알 같은 물방울이 운집해 있다. 밤사이 아이들이 어디서 쉴새없이 유리구슬을 날라다가 감춰놓은 것이다. 그 놀라운 것들이 아침 햇살을 받아 일제히 사금파리처럼 빛을 쏜다. 얼마나 반짝거리는지 별이 내린 것 같다.

저 신비스런 수풀은 누가 뭐래도 왕버들숲이 아닌 물방울 숲이다. 그러나 누가 뭐래도 왕버들숲이다. 그 많은 물방울을 받아주고 견뎌주고 자리까지 내준 왕버들숲이다. 처음 접하는 충격은 과장을 일으키는가. 발을 떼지 못하겠다. 눈을 떼지 못하겠다. 자연이 만들어낸 우연이겠지만 이러한 행운을 다시 볼 수 있을까.

그사이 나는 반짝이는 물방울 숲으로 빨려 들어갔다. 몸이 작아지고 마음이 작아진다. 공허한 말도, 아픈 가슴도 없는, 봄날 아지랑이같이 포근한 공간에서 한 마리 초록 방아깨비가 되었다. 꺼덕꺼덕 머릿짓. 겅중겅중 걸음질. 뛰고 놀고 걸으며, 혼자 있어도 외롭지 않은 세상. 무섭지 않은 세상. 무궁한 자연의 정서가 끌어내어 주는 내 안의 아름다운 것들이여. 행복한 찰나여.

자연은 사랑을 안다. 행복을 안다. 상생함으로써 더 아름다운 생명과 생명의 관계 안에 있는 그것. 다른 생명의 가치를 존중하며 함께 성장해가는 관계 안의 그것. 오래 참으며, 기다리며, 견디며, 믿으며, 온유하며, 성내지 않으며, 시기하지 않으며, 교만하지 않으며, 무례히 행하지 않으며, 악한 것을 생각하지 않으며, 자기의 유익을 구하지 않는*. 그 덕목들이 인격화되어 넘쳐나는 정서가 사랑이고, 사랑이 끼쳐 행복을 만든다는 것을.

고작 내 시야에 들어오는 풀밭의 풍경과 강기슭 왕버들숲을 스쳐보았을 뿐이면서 자연을 말하는 것은 주제넘은 일이다. 그러나 고작 그만큼의 자연이 인간이 그토록 갈구하는 사랑과 행복의 본연을 일깨워준다. 지금까지 내가 알고 노래했던 사랑은 얼마나 무명(無明)한 것인가. 추구했던 행복 역시 얼마나 무명(無明)한 것인가. 이 고백이 가슴에서 터져 나오기까지 참으로 오랜 시간을 돌아서 왔다. 넘쳐나는 정서에 이르기까지는 또 얼마나 많은 세월을 지나야 할까.

수만 년을 흘러 존재만으로도 끼쳐 숭고한 정신을 기르는 갑천. 그로 말미암아 이 아침 고귀한 선물을 받았다. 인생의 여지가 얼마 남지 않은 사람에게는 아픔일 수밖에 없는 선물이다. 쌩쌩 자전거를 젓는 푸르디푸른 건각들은 잠깐, 그리로 다가가 볼 것이다. 삶터로 구르는 분주한 바퀴도 잠깐, 방향을 틀어 그리로 가볼 것이다. 다 이르지 못할지라도 가 볼 것이다. 돌아보는 인생일 때 조금 덜 아프게.

*성서에서 따옴

꿈꾸는 날

우리 꼭 한번 만나요
'항도다방'에서
찌든 뱃기름
퍼덕이는 비린내 그곳

아직도
'amore mio'는 식지 않은 찻잔 속에 있고
나의 소년 그대의 소녀 그대로 있고

닳도록 걸었던 토성고개 신작로엔
아팠던 우리 청춘, 우리 꿈, 그대로 있고.

세월이 너무 흘렀어요
무서리 어느 밤 야윈 풀숲 덮기 전에
우리 꼭 한 번 만나요
'항도다방'에서

그리하여
두고 온 스무 살 저녁
에스프레소
뜨겁게 마시고 돌아가요.

하지만 아득한 그대여
그날이 있기나 할까요
이미 없어진 날을 꿈꾸고 있는 걸까요

그럴지라도 내 안에 있는 그날은
오늘도 눈이 부십니다.

*amore mio: 1959년 이태리 영화 '형사' 주제가 'sinno me moro' 일 절.

단풍

꽃만 꽃이랴 단풍도 꽃이다
만산을 뒤덮은 빨강 노랑 주황

활짝 편 가로수 꽃날개
느티나무 은행나무

포르르 내리는 오색 아양
받을까 말까

웃다가 가버린 꽃은 눈에 있지만
산 입히고 마음 입힌 단풍은 애 안에 남아라.

2.

햇살 속으로

오지병(烏只甁)

베란다 화분 틈새에 있던 오지병을 들여놓고 골동품인 양 아낀다. 부산에 내려와 살 때 어머니가 간장을 담아서 갖고 오신 옹기다.

내용물을 쓰고는 관심을 갖지 않았다. 셋방살이 적에는 부엌 구석에, 어떤 때는 단지 몇 개와 더불어 마당귀퉁이에, 집을 마련한 후에는 장독대에서 굴러다니는 쓸모없는 기명이었다. 용케도 지금까지 남아있지만 골동품은커녕 고물로도 쳐주지 않을 물건이라 버리듯 두었었다.

고물도 골동품도 다 같이 오래되어 낡은 물건이다. 다만 예술품으로서 감상할만한 가치가 있느냐 없느냐, 역사적으로 보존할 가치가 있느냐 없느냐에 따라서 달라진다. 박물관의 골동품은 이 기준에 의한 것이겠지만, 일반 가정에서 보관하는 골동품은 대개

선대의 생활이 묻은 소소한 물건들이라 할 수 있다.

젊어 한때는 부모님 손때 묻은 물건 하나 없는 것이 서운했다. 고리짝 두 개 들고 막막한 서울에 떨어져 신혼살림을 차린 나는, 어느 집 선반 위에 놓인 조청 담던 옛 항아리가 부럽고, 벽에 걸린 고서화가 조상 잘 만난 표상처럼 보였다. 어쩌다 친구 집에 놀러 가서, 이 글씨와 그림은 증조부님이 소장했던 것이라든지, 이 농은 조모님이 쓰시던 것이었다는 등, 자랑 아닌 자랑을 듣고 올 때면 공연히 뿌리 없는 나무 같아서 허전했다.

장개석 총통이 국공전쟁에 패하여 본토에서 대만으로 퇴각하면서 무엇보다 우선으로 중국왕실의 골동품을 가져갔다고 한다. 그 당시 2천만 대만국민이 장개석박물관 입장료 수입만으로도 일하지 않고 1년을 살 수 있다고 했으니 그 규모가 어떠한가를 짐작할 만하다. 그러나 쫓겨 가는 절박한 상황에서 만난을 무릅쓰고 왕실유품을 운송해온 것이 어찌 먹고 살 일만을 염두에 두었다고 하겠는가. 총통은 아마 국가의 뿌리, 다시 말해 나라의 정통성과 주권을 주장하고 싶었을 것이다.

뿌리 없는 나무가 있으랴. 어제 없는 오늘이 있으랴. 하물며 사람이랴. 돌아보면 선대의 체취 스민 기물이 왜 없을까. 내 아련한 기억 속에는 할아버지의 갓과 목침이 있고, 아버지가 쓰시던 벼루와 연적, 허리춤에 차고 계시던 은을 쳐서 만든 침대롱과 패철은 어제같이 또렷하다. 전해 내려오지 못한 것은 눈으로 보이는 잣대의 눈금만을 가늠했을 뿐, 잣대를 댈 수 없는 중요한 가치는 깨닫지 못했기 때문이다.

비록 선대의 유품이 박물관에 오를 고귀한 골동품의 반열에 들지 못할지라도, 누추한 고물일지라도, 거기에는 험한 세상 복판에서 한 줌 생명을 꽃피우고 간 나의 소중한 뿌리가 있지 않으랴. 어제가 있지 않으랴. 그것은 곧 내 자신인 것. 김소운 선생은 「목근통신」에서 말했다. 내 어머니는 레프라(문둥이)일지 모릅니다. 그러나 나는 우리 어머니를 클레오파트라와 바꾸지 않겠습니다.

어머니가 간장을 담아 지푸라기 마개로 구멍을 막고, 헝겊을 덧씌워 꽁꽁 묶어서 갖고 오신 오지병은 진흙으로 빚어 햇볕에 말린 후 오짓물을 입혀서 구워낸 옹기다. 둥글둥글 배부른 항아리 같은 몸통에 비해서 목은 가늘고 입은 적당히 크고 넓적하다. 몸통과 목, 입, 어느 것도 좌우 대칭이 맞지 않고, 정교한 맛은 더욱 찾을 수가 없다. 오짓물이 제대로 묻지 않아 붉은 속살을 드러낸 곳도 있다. 서민들의 생활옹기 중에서도 하치다. 도공이 무심히 만들었으니 오지병도 무심이다. 그러나 계산하지 않은 자연스러움이 되레 아름답게 느껴지니 묘하다. 오래전 이천 도자기전에서 사 온 모란무늬 청자병은 아름다우나 매끄러워서 어렵고, 투박한 오지병은 어느 때고 따듯하여 만지며 느낀다.

하염없이 바라보고 있으면 볼록하니 둥근 모양이 미영베(무명) 통치마를 입고 푸성귀 광주리 앞에 앉아서 채소를 파시던 어머니를 닮았다. 치마 홈칠 겨를이 없어 그대로 앉아 푸성귀를 다듬을 때면, 치마 속에 바람이 차서 저 모양 옹기였다. 나는 제 자리도 없이 굴러다니는 오지병에서 어느 날 문득 어머니를 보았다. 반세기가 훌쩍 넘어간 그제야 미영베 치마폭에 싸여있던 어머니의 우주가 보였다.

글자를 깨치지 못하신 어머니는 '오오'가 불면(정오를 알리는 경찰서 사이렌) 장사 손을 놓고 어김없이 찬거리를 사 들고 동피랑 몬당을 넘어서 집으로 오셨다. 그러고는 가쁜 숨을 내쉬며 아버지 점심을 챙기셨다. 더운 진지, 비린 반찬, 입가심까지.

봄에는 "잡솨보소. 쑥 비짐떡이라예. 벌써 봄 푸새가 나왔능기라." 가을에는 홍시를 쪼개서 입에 넣어드리며 "요새 파뜩파뜩 나오데요." 했다. 치매와 중풍이 겹쳐 누우신 불쌍한 중생에게(어머니는 아버지를 그렇게 불렀다) 계절의 변화를 일러주고, 새로 나온 제철 음식을 맛보게 하셨다. 눈비 내리는 날에도 뙤약볕 타는 날에도 동피랑 까끄막을 오르내리며 그리 돌보셨다. 그러나 정작 아버지는 계절도, 음식 맛도, 어머니도, 말씀까지도 잊어버리신 지 오래였다.

배고픈 세상도 많이 사신 어머니. 추운 잠도 많이 자고 가신 어머니. 허리끈에 차고 계시던 회색 바랜 주머니에 얼마나 많은 한숨이 드나들었을까. 돌아가신 지 오래되어 모습도 희미하게 떠오르고 그리운 정도 없어졌으나, 모진 세상사는 참으로 깊이 이해되어 서럽다.

내가 남편의 건설현장을 따라 부산에 잠깐 살 적에, 어머니는 아들 그늘에서 지내는 힘없는 노인이셨다. 아마 며느리 몰래 간장 한 병 뜨시느라 가슴이 울렁거렸을 것이다. 통영에서 부산 배를 타고 여섯 시간 뱃멀미. 그리고 부산 달동네.

사랑은 내리사랑이고 어머니의 사랑은 조건 없는 무한대라 하지만, 시대에 따라 모정도 변하는 것 같다. 내게는 어머니 같은 무심한 사랑이 없다. 휘황한 문명의 빛을 누리고 살면서도 자식에게 바라고, 서운해 하고, 타산한다. 나도 남편 병구완을 했지만 어머니 같은 헌신은 주지 못했다.

오래되었다고 다 골동품 대접을 받는 것이 아니다. 기교가 돋보인다고 골동품이 되는 것도 아니다. 하물며 인간사(人間事)에랴. 내 집 거실에 놓인 오지병은 진흙으로 빚은 서민들의 생활용기에 불과하다. 그러나 어머니의 무심한 세계가 깃들어 있기에 내게는 비교할 수 없이 아름다운 골동품이다. 어루만져 어머니이듯 느끼고, 그 시절 별빛 같은 눈물을 나누며, 말씀보다 큰 침묵을 듣는다.

태극기가 바람에 펄럭입니다

흰 바탕 한 가운데에 빨강과 파랑으로 그린 태극문양. 그리고 대각선으로 마주 보는 검정빛 사괘. 그것들이 어우러져 펄럭이고 있다. 바람을 따라 깃대에 꼬였다가 풀어졌다가. 비상하려는 새처럼 날개를 접었다가 벌떡 폈다가. 창가에서 바라보고 있으니 산뜻한 아침 하늘에 펼쳐지는 아름다운 동영상 같다.

'태극기가 바람에 펄럭입니다. 하늘 높이 아름답게 펄럭입니다.'

태극기를 단 것은 지난 10월 1일 국군의 날이다. 그날 아침의 태극기는 어떤 의미도 내포하지 않은 창 너머 한 점 풍경이었다. 탱탱하게 바람 먹은 태극기가 온 하늘을 휘저을 듯이 펄럭이는 모습이 아름다웠다. 국기를 보며 아름답다고 느껴보기는 처음이다. 그야말로 낯선 감정이었고 태극기에 대한 새로운 발견이었다. 그 여운을 지우고 싶지 않아서 10월 9일 한글날까지 아흐레를 내처 달아놓고 아직 내리지 않았다.

광복 후 한동안은 태극기를 국경일에만 게양했다. 해 뜰 무렵에 달고 해 질 무렵에 내려서 국기함에 소중히 보관했다. 국경일에 비가 오면 비에 젖을세라 달지 못하게 했다. 찢거나 밟거나 함부로 다뤄서도 안 되었다. 나라의 주권을 빼앗기고 36년을 암흑에 갇혀 지낸 우리에게 태극기는 그만큼 감격이고 존귀한 의미였다.

국기 하강식을 거행하던 시절도 있었다. 그때는 학교나 관공서에서 매일 일정 시간에 태극기를 달고, 일정 시간에 태극기를 내렸다. 태극기를 내리는 시간에 맞춰서 애국가가 울리면 학생과 시민, 누구나 가던 길을 멈추고 애국가가 끝날 때까지 서 있어야 했다. 얼마 전 정부가 일선 학교에 국기 게양식을 부활시키는 방안을 추진하자 애국심을 강요하는 구시대적 발상이라는 비판이 쏟아졌다. 하지만 그 시절은 누구도 그것이 불편하거나 어렵다고 생각하지 않았다.

마음속으로 애국가를 따라 부르고 있으면 코끝이 찡하고 피가 뜨거워졌다. 태극기는 이념이나 사상 이전의 내 조국 내 민족이었다. 죽음으로써 지켜낸 선조들의 붉은 마음이었고, 두 동강 난 약소국가의 애한(哀恨)이 서린 대한민국의 상징이었다. 가난하여 굶주리고 배운 것 없어 수모를 당하는 내 조국을 일으켜야 할 부흥의 깃발이었다. 나는 그런 교육, 그런 문화, 그런 환경에서 자라고 살았다.

그것이 억지로 애국심을 고취시키는 유치한 발상이었던가. 강압이었던가. 교회당 꼭대기 십자가에 걸린 햇살이 조국의 해방처럼 감격스러웠던 윤동주는 '행복한 예수 그리스도에게처럼/ 십자가가 허락된다면/ 모가지를 드리우고/ 꽃처럼 피어나는 피를/ 어두워가는 하늘 밑에/ 조용히 흘리겠습니다.' 했다. 스물일곱 살 윤동주 말고도 태극기 아래 모가지를 드리운 젊은 피가 얼마이며, 태극기가 어떻게 생겼는지조차 모르고 역사를 살다간 이 나라 어진 백성들이 얼마이랴. 잃어보지 않은 사람은 가진 것에 대한 소중함을 모른다. 빼앗겨보지 않은 사람은 누리는 감격을 알지 못한다.

지금은 일 년 내내, 24시간 어디에고 국기를 달아두어도 저촉되는 법이 없다. 국기가 훼손될 만큼 큰 비바람이 아니면 날씨에도 상관이 없다. 국기 하강식이 구시대의 유물이 되어 없어진 지도 오래다. 그러나 나에게 태극기는 아직도 무겁고 소중한 의미요 상징이다. 그러나 오늘 아침은 의미의 무게를 벗어버리고 하늘 높이 날아오를 듯이 펄럭이는 아름다움이다.

11층 내 집 창가에서 내려다보는 무궁화 꽃 숲도 그대로 아름다움이다. 장정키를 훌쩍 넘은 무궁화나무들. 매미 떼 소리에 약이 오를 무렵이면 꽃은 더욱 왕성하게 핀다. 내려가 가까이서 보면 흰 바탕에 단심을 찍은 무궁화가 참으로 깨끗하고 단정하다. 게다가 화사하기까지 하다. 무성한 잎사귀에 깃들인 청정한 품위와 풍요. 무궁화를 나라꽃으로 정한 우리 선조의 뜻을 알 것도 같다. 벌레가 끼고 공해에 찌든 공원이나 도로변 무궁화만 보아오다가 대전 변두리로 이사 와서 누리는 축복이다. 전에 살던 도시보다 공기가 맑고 따뜻하며, 아파트 공지가 넓어서 일조량이 많은 까닭일 것이다. 그러나 무엇보다 때를 맞춰서 전지하고, 병충해를 막기 위해 자주 소독을 하는 등, 잘 가꾸는 손길이 있었기 때문이다.

잘 가꾸어 건강한 나무는 꽃도 싱싱하게 핀다. 싱싱한 꽃은 아름답다. 아름다운 꽃에는 저절로 관심이 간다. 나는 하얀 무궁화 꽃잎 가장자리의 독특한 생김새를 관찰하고, 꽃송이 중심에 붉게 물든 단심이 어떤 모양으로 번져있는지 세밀하게 본다. 꽃술의 색깔과 그 신비로움을 살핀다. 그런다 해도 꽃잎에 남아있는 주름 흔적과 단심이라고 해버린 속내와 노로소롬한 심지의 비밀을 어찌 말로 표현하랴. 가슴으로 보고 가슴으로 느낄 수밖에. 그러고 있으면 무궁화에 대한 애정이 더욱 솟아나고, 무궁화의 싱그러운 기(氣)가 내게로 와 주는 것 같다.

이 아침, 높고 푸른 하늘로 날아오를 듯이 펄럭이는 태극기가 아름답다. 이슬 깬 무궁화 꽃 숲이 햇살처럼 싱그럽다. 언니 오빠가 지나간 무궁화 등굣길을 조무래기들이 재잘거리며 가고 있다. 등에 멘 빨강 노랑 보랏빛 가방이 걸어가는 무궁화 꽃 같다. 좀 있으면 더 어린 것들이 놀이터에 나와서 해맑은 재롱을 부릴 것이다.

역사는 죽지 않는다. 이제 저들의 태극기가 더는 무거운 저장소에 갇혀있지 않아도 된다. 구태여 의미의 저장고를 열지 않아도 역동적인 대한민국의 태극기는 아름답다. 구태여 기억의 저장고를 열지 않아도 건강하게 가꾼 무궁화는 아름답다. 아름다운 것은 저절로 사랑하게 된다. 사랑하는 것에는 저절로 뜨거운 심장이 달려간다.

'태극기가 바람에 펄럭입니다. 하늘 높이 아름답게 펄럭입니다.'

꿈꾸게 하소서, 피어나게 하소서

강 언덕에 줄지어 선 벚나무들. 사납고 시린 강바람 속에서도 수많은 꽃눈을 맺었다. 꽃구름처럼 피어오를 그날이 벌써 설레게 한다. 그러나 아직은 기다리는 기쁨.

그런데 어쩐 일인가. 양지쪽 고목 몸뚱이에 꽃봉오리 두 개가 봉긋 벙글었다. 가지의 꽃눈들은 기미도 없는데, 무엇이 그리 급하고 무엇이 그리 궁금한지 투박한 몸뚱이 껍질을 뚫고 붉어졌다. 신기해서 들여다보고 또 본다.

실금만한 틈새로 까르르 웃음소리가 새어 나온다. 바깥을 보려는 짝짝이 눈이 반짝인다. 천진한 눈망울. 틈새로 보이는 세상이 신비하기만 하다. 얼른 나가서 싸개를 흔들고 지나가던 바람이 보고 싶고, 두드려 잠을 깨우던 비를 만나고 싶다. 날마다 따스하게 안아주는 햇볕이 궁금하다. 내 책상 위에서 해

맑게 웃고 있는 검은 두 얼굴, 지구촌 아이 같다.

여남은 살 돼 뵈는 머슴애는 터번을 둘렀고, 같은 또래 까까머리 여자애는 후릴 소매가 달린 노랑 원피스를 입었다. 예쁜 옷을 입은 기쁨 때문인지, 사진에 찍히는 호기심 때문인지, 두 아이 모두 열다섯 개의 이빨이 드러나도록 웃고 있다. 하지만 머슴애와 달리 여자애 웃음에는 수줍음이 묻어있다. 봄 싹이 트고 있는 것이다. 이들의 표정이 하도 천진해서 책상 위에 올려놓고 가끔 바라본다. 어느 국제아동보호단체에서 찍어낸 홍보용 사진이다.

봄 싹처럼 해맑은 그들을 보고 있으면 나도 모르게 마음 가에 웃음이 돈다. 그러나 천진한 웃음 뒤에는 오늘도 포탄이 터지고 있다. 피난길에서 부모를 잃고 헤매는 고아들이 있고, 폐허가 된 마을 쓰레기더미에서 한 끼 밥을 줍는 또래의 아이들이 있다. 코끼리 발바닥처럼 두껍고 갈라진 맨발로 먼 길을 걸어 물을 길어 와야 하는 고된 노동이 있다. 사진 속 두 아이도 촬영이 끝나고 나면, 설렜던 순간을 버려두고 공포의 현장으로 돌아가게 될 것이다.

내전과 분쟁과 테러, 가뭄과 가난과 질병으로 고통 하는 땅 아프리카. 대개가 유럽 강대국의 통치 아래에 있다가 독립했으나 지금까지 정치, 경제, 교육, 모든 분야가 자리 잡지 못한 나라들이다. 문명과 복지가 미치지 못한 오지의 어린 생명들은 영양실조와 에이즈, 콜레라로 죽어가고, 학교에 가야 할 아동들은 생계의 수단이 되어 거리를 헤맨다. 실제로 아프리카 오지나 난민촌을 다녀온 사람들의 이야기를 들어보면, 우리가 아는 사실보다 훨씬 더 비참하다. 전쟁으로 삶의 터전을 잃고 떠도는 난민들은 유럽으로 가기를 열망한다. 보트가 뒤집혀 바다에 수장되거나, 감시의 총탄에 죽거나, 생사를 하늘에 맡기고 지중해를 건너려고 한다.

열여덟 살 나이지리아 한 소녀는 유럽으로 가기 위해 리비아까지 오는데 성공했다. 그러나 리비아 인신매매 일당에게 잡혀서 고초를 겪다가 창문으로 탈출하여 지중해를 건넜다. 이탈리아로 왔으나 그곳에서도 인신매매 일당 소굴로 끌려가 매일 강간을 당하고 성매매를 강요당하고 있다. 세네갈, 에티오피아, 나이지리아에서 온 더 어린 소녀들도 함께 있다고 한다. 그의 꿈은 변호사. 하기 싫은 이야기를 털어놓는 이유는 이 같은 일을 세상에 알리고, 지옥을 건너서라도 불의와 싸울 결심 때문이라고 했다. 우리나라 모 방송국에서 방영한 나이지리아 소녀의 인터뷰 내용이다.

오늘날 영상 매체는 핵심정보를 담고 있는 살아있는 현장이라고 할 수 있다. 지구촌 한편의 극심한 고난이나, 병사들의 성 도구가 되는 분쟁국 여성들의 참상을 보고 있으면, 일제 강점기와 6·25전쟁을 겪은 우리의 이야기 같아서 가슴이 저리다. 불과 1세기도 지나지 않은 어제 같은 과거다.

강가 벚나무 언덕으로 가는 길에 성당 마당에서 교복을 입은 소녀 둘을 만났었다. 무에 그리 좋은지, 무에 그리 진지한지, 연신 웃으며 속닥거리는 자기들 이야기에 빠져서 비껴가는 나를 부딪치고도 끄덕 고개 한 번으로 양해를 대신했다. 밉지 않았다. 중학교 2, 3학년쯤 됐을까. 둘 다 교칙을 어기고 분홍빛 입술연지를 발랐다. 그래도 예쁘기만 했다.

입술연지처럼 어여쁜 계절. 수많은 꿈과 호기심과 모호한 열정을 품은 시절. 저 계절이 피워낼 꽃에선 무슨 향기가 날까. 성숙해진 열정에선 무슨 열매가 맺힐까. 상상도 할 수 없는 충만. 그러나 아직은 피지 않은 꽃봉오리.

광장 입구에 앉은 평화의 소녀는 꽃목걸이를 두르고 찬비를 맞고 있었다. 맨발이 시려서 땅을 딛지 못하고, 주먹 쥔 두 손을 펴지 못한 채 바들거리며 의자에 앉아 있었다. 나는 참담해져서 소리 질렀다.

'소녀에게 꽃목걸이를 걸지 마라. 소녀의 어깨 위에 비둘기를 올려놓지 마라. 소녀의 두 손을 울컥 주먹 쥐게 하지 마라. 땅을 딛지 못하는 시린 발에 양말을 신기지 마라. 그리고 평화의 소녀라고도 부르지 마라.

그가 언제 비둘기를 올려 달라 했던가. 그가 언제 주먹 불끈 쥔 투사가 되게 해 달라 했던가. 그가 언제 평화의 소녀가 되게 해 달라 했던가.

그는 분홍빛 입술연지를 바르고 싶은 열네댓 살 소녀. 비바람이 무엇인지 모른 채 부풀어 오른 꽃봉오리. 무수한 가능을 잉태한 어느 집 꿈강아지. 예쁜 누이.

차라리 소녀 옆 빈 의자에 가만히 앉아 있어라. 그리하여 만리타국 갇힌 방에서 공포에 떨며 울었던 울음소리를 들어라. 방문이 열릴 때마다 겁에 질려 불렀던 엄마! 엄마! 그 애처로운 절규에 가슴을 뜯어라. 여리디 여린 살갗이 일본군 뭇 군화에 밟혀 짓이겨질 때, 비명을 지르며 혼절했던 고통을 핏속에 조각하라.'

유린당한 모든 날, 모든 꿈, 모든 행복. 어쩔거나! 어쩔거나!

하룻밤 봄비가 지나갔다. 강둑에 늘어선 벚나무 검은 가지들이 불그스름한 광휘에 싸였다. 그사이 몰라보게 부푼 꽃망울들이 내뿜은 생명의 기운이다. 몸통을 박차고 봉긋 튀어나왔던 꽃봉오리 두 개도 오므린 듯 열린 입술에 화사한 분홍빛을 물들였다.

오! 하늘이여. 지켜주소서. 저 기쁨들을. 생명의 광휘를. 저들이 마음 놓고 꿈꾸며, 깔깔거리며, 피어나게 하여주소서. 뇌성벽력 우박이 꺾지 못하게 하시고, 인간들의 금지된 장난으로 울게 하지 마소서. 힘센 자들의 가진 것이 정의의 도구가 되게 하시고, 이 땅에 평화를 주소서.

작은 은행나무 그늘

길 건너 신호등 옆 은행나무는 잘 자라지를 못한다. 십여 년 전에 대형 마트가 들어오면서 고만고만한 나무들을 가로수로 심었는데, 양쪽으로 늘어선 또래보다 키가 작고 둥치도 가늘다. 많은 사람이 지나다니는 척박한 자리 탓인지, 종자가 부실했던지 알 수 없다.

깊어가는 가을, 다른 나무들은 황금 숲을 반짝이며 거리의 정취에 한몫하지만, 이 나무는 그러지를 못한다. 체구가 작으면 이파리라도 암팡지게 달았어야지. 건성으로 붙은 잎이 푸른 둥 누런 둥 하다 떨어질 모양이다.

그러나 잊지 못한다. 지난봄 앙증맞은 모습으로 신록의 기쁨을 예고해 주던 그때를. 수많은 새 생명을 감싸 안고 소리 죽여 웡웡거리던 황량한 거리의 희망을. 무성한 숲은 만들지 못할지라도 한결같이 잎을 모아 그늘을 선물하는 성실한 배려를.

하지만 그의 그늘은 너무나 빈약하여 포도 위 얼룩 같은 그것을 누구도 그늘이라 해주지 않는다. 황금 숲이 없는 모양새를 아름답다 하지 않는다. 저라고 그 모양으로 생겨나서 초라하게 서 있고 싶겠는가. 세상일이 마음대로 되는 것이 없듯이 제 의지대로 된 것이 아니다. 내가 굴다리 할머니를 만날라치면 느닷없이 나타나는 것도 그 때문일 것이다.

할머니는 자주 다니는 등산로 굴다리 아래서 푸성귀를 판다. 체구가 월등히 작은 사람을 담배씨에 비유하기도 하는데, 그렇게 비유해도 될 만치 왜소하다. 봄여름에는 굴다리 밑의 그늘을, 쌀쌀한 날씨에는 들어 온 한 조각 볕을 의지하여 등산객을 상대로 아욱이나 부추, 고구마 줄기 껍질을 벗겨서 판다. 말이 장사지 옛날 같으면 식구 많은 집 한 끼 반찬거리 정도다.

어느 날, 여러 등산객과 앞서거니 뒤서거니 산에서 내려오고 있었다. 굴다리 밑으로 오니 할머니 옆에 그의 아들이 와있다. 스무 살 남짓 돼 보이는 곱상한 청년이다. 벽을 기대앉은 할머니 등 뒤로 팔을 넣어 어깨를 감싸 안고는 비스듬히 누운 자세로 다리를 벋고 있다. 남의 시선은 아랑곳없이 마냥 엄마가 좋고 편해서 응석이 나 있는 어린아이다. 그 나이에 당찮은 모양새다. 그러나 할머니는 무겁다거나 귀찮다거나 남세스럽다는 내색 없이 되레 새어나는 웃음을 감추려는 듯 가뜩이나 작은 눈을 모으고 지나가는 사람들을 쳐다본다.

그 광경을 본 일행 중 늙수그레한 아저씨가 격한 어조로 "사람은 씨가 좋아야 돼. 씨가 저러니 아들이 저 모양이지." 한다. 왜소하고 가진 것 없는 할머니를 두고 여과 없이 내뱉은 조롱이다. 만약 할머니가 같은 신체조건으로 대형백화점 주인이 되어있었더라면 무어라고 했을까. 씨를 들먹이는 말세가 몹시 거슬렸지만, 나는 그 말 이전에 벌써 할머니가 아들에게 내주고 있는 무구한 품과 눈가에 고인 무던한 행복에 반응하고 있었으므로 시비 걸 마음이 없었다.

굴다리 아래 모자상은 나를 비추고 있었다. 자식을 있는 그대로 받아주지 못하는 날 선 품과 자식에게 만족할 줄 모르는 끝없는 욕심과 잃어버린 본연의 모성을.

할머니의 아들은 본성이 착하고 다정다감한 사람임이 틀림없다. 그가 할머니에게 하는 천진스러운 모습과 웃음기 서린 할머니의 표정에서 읽을 수 있다. 그러나 어느 한곳이 차지 못한 청년임에도 틀림없다. 청년은 아마 산중턱 보리밥집에서 일을 거들다 쉬러 왔을 것이다. 아니면 밭일을 도와주다 땀을 식히려고 왔을 것이다. 그곳에서 몇 번 보았던 기억이 난다. 할머니는 그런 아들이 깃드는 그늘이다. 남들에게는 보잘것없어 우스운 그늘일지라도 아들에게는 들어가 눈비를 피하고, 곤한 몸

활개 펴고 자는 큰 공간이다. 그렇듯 어머니는 자식의 그늘이다. 자식이 어리면 어릴수록, 부실하면 부실할수록, 그것은 절대적이다. 할머니에게 무슨 잣대를 대려는가.

한 발자국 넓혀 보면, 우리는 모두 나름의 크기만큼으로 누구의 그늘이 되어주고, 나름의 크기만큼으로 누구의 그늘에 깃든다. 사람만이 그런 것이 아니고 생명 가진 모든 존재가 그렇다. 짐승들은 자기보다 큰 동물이나 사람 같은 강적을 만나면 몸을 숨길 큰 숲을 향해 달린다. 그리고 거기에 숨어서 휴식하고 잠을 잔다. 어린 새나 벌레는 나무이파리 뒤에 숨어서 작은 가슴을 할딱이며 위험을 피한다. 길가에 나부끼는 하찮은 풀이파리에서도 뜨거운 태양과 천둥 번개를 피하는 생명이 수없이 많다. 그들에게 나뭇잎이나 풀잎은 짐승들의 울창한 숲만큼이나 큰 그늘이다. 큰 나무 무성한 그늘만이 반드시 위대하다고 말하지 못할 것이다.

작은 은행나무 그늘도 내게는 큰 나무 못지않은 고마운 그늘이다. 무더운 여름철, 마트에서 장을 보고 나오면 달라붙은 독한 냉기를 이기지 못해 일부러 이 나무 밑으로 온다. 그리하여 뜨거워진 지열과 햇볕으로 냉기를 털어내며 몸을 데운다. 많은 사람이 대형 에어컨 바람이 휘도는 출입구에서 신호등 바뀌기를 기다렸다가 길을 건너지만, 찬바람에 병이 도지는 나는 푸른 신호등이 두 번이나 돌아오기까지 그러고 서 있다. 그럴 때마다 작고 가난한 그늘이 머리와 얼굴을 보호해주고, 끓는 햇볕 아래서 딱해 보일 내 처지를 변명해준다.

무성한 숲도, 황금빛 단풍도 달지 못했지만 내 그늘이 되어주는 작은 은행나무. 일흔다섯 해 나의 여정에 그늘이 되어준 나무도 그와 같은 사람들이었다. 천둥벌거숭이 들어가 세상모르고 잠들었던 어머니. 몰아치는 비바람에 한기 들어 춥던 날, 들어가 가슴을 데웠던 형제들. 자식들. 그리고 낮은 산 언덕배기 온갖 풀과 꽃, 나의 분신 수필도 위로받고 싶은 날에 찾아가 가슴을 비볐던 따뜻한 그늘이다. 오늘따라 비는 부슬거리고, 신호등 바뀌기를 기다리며 작은 은행나무를 바라보고 있으니, 새삼 사무쳐 눈이 뜨겁다.

엑스포 다리에서

무역전시관 유리창에 부딪혀서 돌아온 햇빛이 갑천에서 부서진다. 그리하여 환한 대낮 강물에 싸라기별로 떴다. 산산이 흩어져 반짝거리는 빛 조각들이 밤하늘의 별 무리처럼 영롱하다. 경이로운 한낮의 선물.

멀리서 둥둥 떠오던 청둥오리 세 마리가 싸라기별 속으로 들어간다. 부리를 물속에 넣었다가 뺐다가, 고개를 치들었다가 흔들었다가, 해작질을 한다. 올해에 세상 나온 새끼 청둥이들이다. 저들의 눈에도 싸락별 뜬 강물이 좋은 것이다. 멀찌감치 뒤따라오던 어미는 새끼들과 합류하지 않고 멈춰서 지켜보고만 있다. 가깝지도 멀지도 않은 거리에 둔 어미의 사랑. 기다리는 양육의 지혜. 아름답다. 영특한 인간 어미는 자식에게 얼마나 많은 것을 용서받아야 할지.

아름다움은 감동을, 선물은 기쁨을 준다. 나는 감동과 기쁨을 함께 누리며 엑스포다리 난간에 서 있다. 하늘마저 티 없이 푸르다. 하도 맑아서 하늘이 강물인지, 강물이 하늘인지 싶다.

자전거 한 대가 바람을 일으키며 내 옆을 지나간다. 뒤따라 커플룩을 입은 2인승 자전거가 달려간다. 비즈니스 복장을 한 2인승도 보인다. 모두가 머리카락을 날리며 웃고 있다. 혼자 나온 청년이나 중년의 남성들은 맨몸으로 걷는다. 손을 잡고 걷는 연인도 섞여 있다. 약속이나 한 듯이 한꺼번에 쏟아져 다리를 메운다. 점심시간의 틈새를 즐기는 근처 직장인들이다.

엑스포다리는 1993년 대전세계박람회를 개최하면서 갑천에 설치한 현수교다. 다리에 높이 솟은 빨강과 파랑, 두 개의 아치가 강물에 뜬 쌍무지개처럼 아름답다. 다리를 매달고 있는 밧줄들은 철선을 꼬아 만든 쇠줄 여러 가닥을 다시 꼬아 만든 굵은 쇠밧줄이다. 그것을 아치에 분산하여 매달아 놓았는데, 청홍색 쌍무지개 사이에 그물을 늘어뜨린 것 같은 착시효과를 낸다. 버스를 타고 지날 때나 멀리서 보면, 낭창한 그물 터널이 다리를 얼마나 아름답게 하는지.

넘실거리는 강물 위로 쌍무지개 둥실
무엇을 타고 오르면 무지개에 닿을까.

청둥이는 둥둥 싸락별을 타고
나는 홍청홍청 그물을 탄다.

거기에 맺힌 수많은 전구가 밤이 되면 별이 되어 뜬다. 낮에도 햇살에 쏘인 몇몇 전구가 파란 별, 노란 별처럼 빛을 발산한다. 그 빛도 다리 아래 강물로 내려가서 반짝인다. 그러나 그 별은 아무나 볼 수 있는 별이 아니다. 별이 그리운 사람에게만 보이는 별이다.

이제는 어두워져 하늘의 별을 볼 수 없는 나이. 나는 이곳에 별을 보러 온다. 강물에 뜬 싸라기별을 바라보며 기뻐하고, 아치에서 찾아낸 숨은 별 몇 개를 즐거워한다. 바람 쐬러 나온 새싹 같은 아가와 유모차도 하늘의 별처럼 새롭다. 이 일대를 생태 보호구역으로 관리하며 다리 위로 자동차가 다니지 못하게 한 것은 매우 잘한 일이다.

이윽고 산등성이에 노을이 물들면 엑스포다리 주변에 불꽃이 피기 시작한다. 제일 먼저 한밭수목원 광장에 높낮이가 다른 형형색색의 경관조명이 켜진다. 둥글고 따스한 호롱불빛. 작지만 쏘는 듯한 청색빛. 밋밋한 형광빛. 이어서 동원(東園)과 서원(西園) 숲에 달덩이 같은 가로등이 뜬다. 그러면 다리 건너 한빛탑 한가운데에 수은빛 광선이 빛 막대기처럼 치서고, 어둑한 하늘 저편 붉었던 노을이 아스라이 지고 있다.

그런가 하면 순식간에 어둠이 대지를 휘덮는다. 멀쩡하던 엑스포다리 막대 램프들이 빨강, 파랑, 노랑, 하양, 분홍으로 변해서 율동을 한다. 춤추는 분수처럼. 동시에 쌍무지개 아치가 사라지고 다리 위에 별이 뜬다. 수백 개의 별이, 아니 수천 개의 별이 반짝거린다. 오늘은 달도 없는 밤. 크리스마스트리 같은 별들이 색색으로 떴다가 졌다가, 한꺼번에 쏟아졌다가, 사라졌다가…. 멀리서 보고 가까이서 보아도 흥미롭다. 쌍무지개 아치를 어둠 속으로 밀어버리고, 깜깜한 공간에 별이 떠다니는 효과를 낸 과학기술이 환상적이다.

뿐인가. 광장과 다리와 한빛탑을 일직선 조망경관에 놓고, 해지는 시각에 맞춰 순서대로 일사불란하게 점등하는 자동감지기도 놀랍지 않은가. 낮에도 아름답고, 밤에도 아름다운 엑스포다리. 자연과 예술과 과학기술이 만들어낸 아름다운 공간예술. 그 감동을 보기 위해 늦가을 쌀쌀한 바람을 맞으며 낮부터 해가 지기까지 서성거렸다.

돌아가려고 다리를 건넌다. 강물에 일렁이는 스마트시티 불빛과 엑스포다리 야경이 한 컷 영상처럼 황홀하다. 눈 오는 어느 밤의 설경은 또 얼마나 마음을 녹일까. 그날이 내일일 것처럼 가슴 부시는 기쁨.

만년에 류머티즘으로 고통 받는 르누아르에게 고통을 참으면서 왜 그림을 그리느냐고 물었더니 "고통은 사라지나 아름다움은 남는 것이다."라고 했다. 병든 화가의 손에서 붓을 놓지 못하게 하는 그림에의 향수. 그것은 生을 경축하고 위로하는 아름다움의 감동이 아닐까. 그것이 엑스포다리를 만들게 하고, 그것이 나를 이곳으로 오게 하는 것이리라.

늦봄

앞산이 파릇해졌다. 햇살 아장거리는 저수지 하얀 둑방길이며, 포로소롬한 온갖 풀들이며, 가슴이 벅차다. 개나리, 진달래, 벚꽃은 가버렸어도 눈부신 봄날이다.

나는 호숫가 벤치에 앉아서 봄을 만끽한다. 그다지 바쁠 것도, 매일 것도 없어 자유하다. 인생의 자잘한 테두리를 벗어나 하나의 큰 테두리 안으로 들어와 있다. 生과 死, 두 점을 사이에 두고 그려진 큰 테두리가 인생이라면, 자식이란 테두리, 부부의 테두리, 부모의 테두리, 그밖에 일상의 수없이 많은 테두리는 그 공간 안에 들어있는 작은 테두리라 할 수 있다. 그리 보면 지금 나는 많은 작은 테두리에서 벗어나 생과 사의 큰 공간 안에 있다 할 것이다. 어찌 생각하면 허전도 하다. 그러나 한 개체로서 자유로울 수 있는 시간이 주어졌다. 그 시간 역시 큰 테두리 안에 금 그어진 한정(限定)이지만, 그래도 느긋하고 가볍고 좋다. 어쩌면 지금이 내 봄이다. 피 터지는 노래도 사랑도 열정도 없지만, 지금이야말로 진정한 내 봄이다. 늦봄이 온 것이다.

언제 봄이 이토록 어여쁘고, 애틋하고, 애석하던가. 세상 모든 것이 한정(限定)이 있다는 사실을 환히 아는 지금, 호수에 적신 햇살도 한정이 있고, 실버들 연둣빛도 한정이 있으며, 따사로운 봄바람도 한정이 있다. 한정을 모르던 시절의 봄은 가면 또 오고, 오면 또 가는, 애석할 것도 애틋할 것도 없는 계절이었을 뿐이다. 그러나 한정을 알고 맞는 늦봄 오늘 이 한때는 가슴이 젖도록 절절하다.

햇볕을 노 맞고 있어도 싫지 않다. 따뜻하게 데워진 겉옷이 전해주는 열감이 좋다. 겨울 동안 수축되었던 혈관과 세포와 신경이 원활하게 순환한다. 내 안의 또 하나의 내가 눈부시게 하얀 둑방길을 내닫는다. 그리고 또 하나의 내 앞으로 햇살 하얀 둑방길이 반 고흐의 노란집처럼 열렬하게 안겨온다. 짙은 파랑과 노랑으로 이분한 화폭 위에 남부프랑스의 강렬한 햇볕을 올려놓은 이 그림을 보고 있으면, 내 안에서 미친 듯이 꿈틀거리는 해바라기꽃 갈퀴가 솟아났었다. 내닫고 다가오는 역동 속에서 사라진 줄 알았던 해바라기꽃 갈퀴가 다시 움직인다. 마음이 밝아진다. 몸도 살아나는 것 같다. 무슨 큰일을 해낼 것도 같다. 그때처럼 달콤하거나 웅장하지는 않지만 진동이 인다.

그 진동에 몸과 마음이 고조된다. 사고(思考)까지 유연해진다. 요즈음 나는 마음 비우는 연습을 한다. 하루에도 수십 가지 구름이 떠올라서 어지럽히지만, 밖으로 내쫓아버리는 연습을 한다. 사랑하기보다 더 힘든 미움도 몰아내는 연습을 한다. 그 연습이 지금은 조금 쉬워지는 것 같다. 한정이 있기에 한 순간이 소중하고, 한정이 있기에 애착에 애착을 더하지만, 한정이 있기에 버리기도 해야 한다. 생각이 여기에 이르니 빼낼 수 없이 단단하던 옹이가 조금씩 부드러워진다. 무정해진 마음에 물기가 돈다. 그러나 버리고 비우는 일이 쉬운 것이 아니다. 나 같은 사람에게는 당치않다. 색깔을 조금 엷어지게 하는 연습이라면 용서가 될까. 농염한 봄볕이 마음을 너그럽게 한다.

둑방을 따라 설치해놓은 스피커에서 서정성 짙은 노래가 흐른다. 2, 30년 전에 불리었던 곡이다. 가슴이 촉촉이 젖어 든다. 하늘엔 하얀 구름이 둥실 떠있다. 호수 저편 의자에는 허리를 껴안은 연인들이 정답게 앉아있다. 아름다운 영상이다. 어느 뮤지션(musician)이 말했다. 바흐나 베토벤의 음악만이 클래식이 아니라 팝이나 발라드, 어느 장르를 가릴 것 없이 백년 후에 들어도 가슴을 파고드는 음악은 클래식이라 생각한다고. 그 말에 나도 동의한다. 비단 음악뿐이랴.

내게는 봄도 클래식이다. 나물 캐는 성 옆에 앉아 비당캐각시* 안고 놀던 봄. 아슬아슬 시달구다 종내는 끊어져 버린 풀싸움질. 어머니 반짇고리 무명실 몰래 갖고 나와선 죽어라 시달구던 실싸움질. 입술 악물고 시달구기만 했지 언제 이겨본 기억은 없다. 실싸움도 풀싸움도 하잔 사람이 없어 홀로 호숫가에 나와 앉은 지금, 그 봄은 영원한 나의 클래식이다.

배경 음악까지 깔린 봄날 속에 빠져있으면서도 가을을 느낀다. 사람 마음속에는 알 수 없는 계절이 있다. 질서 없이 불쑥불쑥 드나드는 바람 같은 계절. 함께 앉아 저물도록 이야기하고픈 누구를 생각한다. 따뜻한 손 마주 잡고 끝없는 이야기를 풀어놓고 싶다. 그 이야기가 허황한 소리일지라도 로망(roman)으로 만들어 내 고독 곁에 두고 싶다. 둥치 큰 플라타너스를 함께 안고 싶고, 하늘 닿은 언덕배기에 올라 낭만을 뿌리고 싶다. 정서가 분수를 넘었는가. 하지만 일흔이 되어 처음 맞은 봄. 가슴이 아프면서도 황홀한 정감을 구태여 피하고 싶지 않다.

호수를 뒤로하고 자주 다니는 등산로를 따라 산을 오른다. 골짜기 나무들은 잎을 피울 채비에 한창이다. 나는 인적을 피해 상수리 숲으로 찾아 들었다. 나무 밑에 깔린 낙엽을 베고 하늘을 향해 누웠다. 두껍게 쌓인 낙엽이 포근하다. 잎이 피지 않은 검은 나뭇가지 사이로 보드라운 햇살이 비쳐든다. 편안하다. 만족하다. 나는 종(種)을 넘고 성(性)을 넘어서 한 생명체일 뿐이다. 지금 이 나이에 그런 구분이 무슨 의미이랴. 다 져버린 줄 알았는데 뜻밖에 진달래 한 그루가 꽃을 활짝 달고 섰다. 그도 이제야 봄인 모양이다.

큰 나무 그늘에 치여서 지금에야 꽃을 피운 진달래. 수많은 악조건과 싸우며 잊힌 존재로 기다렸다가 결국엔 꽃을 피웠다. 찬란한 태양 아래서 모양새를 한껏 자랑할 운명은 타고나지 못했지만, 그렇다고 초라하지 않다. 나 또한 늦게 핀 진달래처럼 찬란한 기약은 없어도, 뻐꾹새 울음 한가로운 늦봄이 좋다.

*비당캐각시: 비당캐풀을 작은 나무막대기에 묶어서 쪽을 짓고 비녀를 꽂아서 갖고 노는 풀 인형

우리 집 대강여사

우리 집 대강여사를 데리고 병원에 갔다. 예약시간에 맞춰갔으나 먼저 와서 기다리는 사람이 많다. 다른 집 여사들에게도 이런저런 병이 생긴 모양이다.

대강여사의 차례가 되었다. 병세를 설명했더니 맡기고 나가서 기다리라고 한다. 드디어 수술이 끝나고 7만 원의 비용을 내고 집으로 돌아왔다.

대강여사가 처음 우리 집에 왔을 때는 예쁜 장난감 같았다. 시작 버튼을 누르면 '웨에엥' 소리를 내면서 청소할 구역을 먼저 입력한다. 그러고선 안방으로, 거실로, 부엌으로 종종거리며 쓸고 다닌다. 빙글빙글 도는 앞발로 먼지를 쓸어 담는가 하면, 장애물을 만나면 더듬이를 가진 곤충처럼 가만히 다가가서 탐색한다. 그러다가 저도 모르게 부딪치면 깜짝 놀라 뒤로 물러선다. 보고 있으면 어릴 적에 장난치며 놀았던 핑갱이(풍뎅이) 같아서 웃음이 난다.

핑갱이 등딱지는 검은색에다가 푸르스름한 에나멜을 입혀놓은 것 같았다. 나는 반짝이는 등딱지 밑에서 꼬물거리는 다리를 건드리며 예뻐했다. 그러나 오빠는 핑갱이 다리관절을 꺾어서 마룻바닥에 뒤집어놓는다. 그러면 '웨에엥' 날갯소리를 내며 등으로 온 마루를 쓸고 다닌다. 우리 집 대강여사처럼. 생각이 없던 어린 때는 그 재미가 일어나서 날아가려는 핑갱이 필사의 몸부림이란 것을 알지 못했다. 어른이 되었는데도 예뻤던 기억에만 머물러있다.

그의 본명은 로봇킹. 말도 잘 한다. "꼼꼼하게 꼼꼼하게 꼼꼼청소를 시작합니다." "위치를 파악해야 하니 비켜주세요." "오른쪽 바퀴의 이물질을 치워주세요." 등등.

그가 오고부터 힘든 청소에서 해방되었다. 그뿐만 아니라 쉬지 않고 지껄이며 돌아다니는 부산스러움이 죽은 듯이 조용한 집안에 소리를 채워준다. 가끔은 나를 불러 이렇게 해 달라 저렇게 해 달라 성가시고, 들어가지 말았어야 할 곳으로 들어가서는 꺼내 달라 아우성을 친다. 같은 요구를 반복하면 귀찮아서 "바보야. 거기를 또 들어가면 어떻게 해." 지청구를 하지만, 모성을 자극하는 성가심이 싫지 않다.

얼마 전 일본의 한 독거노인이 아이처럼 생긴 로봇을 말벗 삼아 얘기를 하고, 방안심부름을 시키는 영상이 방영되었다. 독거의 외로움을 사람 대신 로봇이 메운다. 나 역시 혼자 사는 적적함이 情 비슷한 감정을 로봇킹에게 이입시키는 것이겠지만, 인간은 본질적으로 정을 줄 대상이 없으면 온전하게 살 수 없게 창조된 존재일 것이다.

과학기술이 만개한 시대. 상대적으로 고독한 인간. 앞으로는 정을 줄 대상이 아예 로봇이 되는 사회구조가 될지 모른다. 이제 로봇은 인간이 시키는 대로 움직이는 기계를 넘어 스스로 사고하는 데까지 왔다고 한다. 바둑기사 이세돌을 압도적으로 이긴 인공지능 알파고는 스스로 연습하는 능력이 생겨서 무적의 제왕이 되었다는 소식이다. 놀라운 일은 인간과 잠자리를 할 수 있는 로봇이 출현한 것이다. 인간처럼 느껴지는 피부를 가졌을 뿐만 아니라 인간처럼 섹스에 반응하는 로봇이 탄생했다고 한다. 나 같은 아날로그식 사람에게는 충격을 넘어 무섭다.

지식총량제가 30년이던 것이 요 몇 해 사이에 13년으로, 2030년에는 3년이 될 것이라고 한다. 급변하는 세상을 두려워할 것이 아니라 관심과 흥미를 가져야 할 것이지만, 그것은 뒷일이고, 우리 집 로봇킹이 병이 나는 것은 당장 큰일이다. 그런데 어느 날인가부터 어리바리해졌다. 똑똑하고 민첩했던 동작이 사라지고 대강대강이다. 아무리 꼼꼼하게 하라 일러도 제

멋대로다. 소파나 거실장 밑은 평소에 잘 들어갔던 공간인데도 빼먹기 일쑤이고, 아예 한 구간을 통째로 건너뛰고선 "청소가 끝났습니다." 하고 충전기로 돌아가 버린다. 우리 집에 온 지 5년 만에 힘 빠진 대강여사가 돼버렸다. 예고된 일이었지만 그날이 이처럼 빨리 올 줄 몰랐다. 큰돈을 들여서 모셔왔으니 적어도 10년은 활발할 것으로 믿었다. 기계는 기계일 뿐인데 그동안 무슨 착각을 했던 것일까. 병원에 데리고 가서 보일 수밖에 없었다.

지금은 속도의 시대다. 가전제품이 반영구적이란 말은 옛말. 너무 빨리 소모되고, 너무 빨리 새것이 나오고, 너무 쉽게 가격이 오른다. 우리 집 대강여사도 속도시대의 산물답게 다시 병이 도졌다. 전과 같은 증상에 치매가 겹쳤다. 길을 찾지 못해 한자리에서 빙빙 헤매는 것은 다반사고, 예약하지 않았는데도 한밤중에 일어나서 윙윙거리며 돌아다닌다. 그 소리를 처음 들었던 밤에는 잠결에 놀라서 뛰쳐나갔었다.

하지만 무슨 걱정이랴. 우리 집 대강여사보다 훨씬 성능이 우수한 새로운 모델의 로봇청소기가 나왔다. 돈만 있으면 편리를 사고, 오락을 사고, 재미도 살 수 있는 세상이다. 원하는 외모를 사고, 최상의 의료를 살 수 있으며, 지식과 명예도 살 수 있다. 과연 과학기술이 눈부시고 돈이 아름다운 세상이다.

그러나 잊지 말아야 한다. 우리네 인생길은 여전히 멀고도 험한 광야라는 것을. 그 길에는 돈으로 살 수 없고, 과학이 만들 수 없는 것이 있다는 사실을. 물질 앞에서도 인간의 자존심을 팔지 않게 할 가치들을.

우리 집 대강여사를 한 번 더 병원에 입원시킬까 고민 중이다.

햇살 속으로

한낮의 열기가 대단하다. 닿기만 하면 무엇이든 태울 기세다. 그 열기 속에서 공원의 나무며 화초가 한껏 성숙하는 것은 알 수 없는 섭리다. 잣나무는 뻗치는 기운을 주체할 수 없어 검푸른 호흡을 내뿜고, 맥문동 상추형 보라색 꽃이 하늘로 치솟는다. 할아버지가 가꾸는 공원귀퉁이 화단에서 비비추와 풍접초가 무리 지어 피어났고, 무궁화도 참으로 기세 좋다.

그러고 보니 공원에 핀 여름꽃들이 모두 보라색이다. 보랏빛 천지다. 공원이라야 한 바퀴 돌면 겨우 300m. 둘레길에 만발한 맥문동 보랏빛만 해도 그득한데, 무궁화와 풍접초, 비비추까지 더했으니.

둘레길을 한 바퀴 돌았다. 그리고 두 바퀴째. 뜨겁다. 매일 햇볕을 쬐며 걸으라는 의사의 권고가 없었으면 어림없는 일이다. 몸의 소리를 들으며 또 한 바퀴. 눈으로 흘러들어오는 땀을 훔치며 하늘을 본다. 느릅나무 꼭대기 거미줄에 잠자리 한 마리가 걸려있다. 날개와 다리는 흔적 없이 사라지고, 가느다란 몸통과 일부 남은 머리가 거미줄이 흔들릴 때마다 따라서 흔들린다. 회전하는 머리와 비상하는 날개, 홑눈 겹눈 합쳐서 수만 개의 눈을 가졌으면서 거미줄에 걸려들다니. 헛똑똑이.

어느 해 여름, 아침 산책을 하러 야외음악당으로 갔다. 비탈진 잔디밭을 지나 평편한 정문 쪽으로 왔을 때, 놀라운 광경이 기다리고 있었다. 헤아릴 수 없이 많은 잠자리 떼가 분수대 연못에 빠져서 새까맣게 떠 있지 않은가. 그때는 야외음악당을 개관한 지 얼마 되지 않은 때라 밤마다 분수대 주위에 조명을 밝히고 물줄기를 뿜어 올렸다. 조명을 받으며 산화하는 물줄기는 눈부신 감동이었고, 연못 바닥에 설치한 오색 등이 만들어내는 찬란한 물결은 한여름 밤의 낭만을 부추겼다. 잠자리는 그 황홀경에 끌려서 날아들었다. 나도 잠자리처럼 분수대에 홀려서 밤길을 혼자 걸어와 늦도록 즐기곤 했다.

사실 지금 나는 시력이 좋지 않아 부릅뜨고 보아도 느릅나무 꼭대기 거미줄에 걸린 물체가 잠자리인지 확실하지 않다. 이미 지대로 믿어버린 것이다. 어쩌면 바람에 불려가던 마른 잎 부스러기가 매달렸는지 모른다.

찬란하게 부서지는 물방울이 독인 줄 모르고 날아든 그 밤의 잠자리나, 아직도 생사를 분간 못 하고 느릅나무 거미줄에 걸려든 헛똑똑이.

곳곳에 깔린 밤길의 위험을 모르고 겁 없이 홀린 그 밤의 숙맥이나, 지금도 한 치 앞엣것을 못 보는 고도 근시안.

생명 가진 존재는 영원히 미완성인가. 거미줄의 잠자리가 내가 벗어놓은 허물(蛻) 같다.

땀을 돌리려고 정자에 앉았다. 잣나무 사이에서 찬물 같은 바람이 흘러나온다. 시원하다. 이런 맛으로 사람들은 땡볕에도 정자에 모여든다. 지금은 나 혼자뿐. 아이들이 타고 놀던 그네마저 정지 상태. 시간이 멈춘 듯. 여름 한낮의 고요가 감미롭기까지 하다. 눈길은 자연히 시야에 들어오는 공원 풍경에 모인다.

가만히 보고 있으니 햇살이 맥문동 보랏빛 군락 속으로 소용돌이쳐 들어간다. 보랏빛 난만한 할아버지의 화단에도 이글이글 빠진다. 와글와글 저급한 중국 꽃매미 떼 소리까지 끌고 들어간다. 나는 초점을 흐리지 않고 그 광경을 보고 느끼며 집중한다. 작열하는 태양. 눈부신 보랏빛 파편. 그냥 두어도 아름다울 여름날, 햇살이 무슨 짓을 벌이는가.

놀랍다. 잣나무 그늘 밑 맥문동 수상꽃차례(穗狀花序)가 보리

수 아래 붓다처럼 일제히 사유의 관을 쓰고 정좌한다. 청아한 보랏빛 광채, 평화로운 미간, 부드러운 미소. 오가며 보았던 그들은 세상 불행을 다 삼킨 굳게 닫힌 모습이었다. 이슬 깨는 아침에도, 노을 드는 저녁녘에도, 곧추세운 뻣뻣한 줄기에다 푸릇한 멍울만 더덕더덕 붙이고 있었다. 볼품없던 그것들이 어찌 해탈한 듯 깊고 은근한 광채를 두르고 있는가. 아비규환 꽃매미 떼 소리까지 포용하는가. 저것은 누가 뭐래도 완숙의 빛이요 절정의 미(美)다.

보통의 여름꽃 무궁화와 풍접초도 말 탄 영웅처럼 위풍당당하다. 무궁화는 그러려니와 싸라기 같은 꽃을 매달고 하늘로 치솟는 풍접초의 위세라니. 온 봄을 불태우는 철쭉이나 백합, 도도한 장미 앞에서 언제 존재감이나 있었던가. 알 수 없는 조화다. 햇살이 들어가더니 그들이 우월한 존재로 변신한다. 내가 잘못 보았는가.

그렇다. 언뜻 보기에는 보랏빛이 공원의 한낮을 장악하고 있는 것 같지만, 공원을 장악한 것은 맹렬한 햇살이다. 그는 태초부터 세상을 장악하고 있었다. 부드러움으로, 따듯함으로, 맹렬한 불꽃으로. 어느 생명이 그의 권위와 은택 안에서 벗어나 있으며, 어느 생명이 그의 존재 밖에 있으랴. 그의 존재가 광대무변하고, 그의 은택이 무량하여 그 안에 거하는 생명이 그의 실체를 잊고 지낼 뿐이다. 나 또한 엄연한 실체를 망각하고 있었던 것. 햇살이 공원의 풍경으로 들어간 것이 아니라 풍경들이 감히 맹렬한 햇살 안으로 들어간 것이다. 기상 넘치는 잣나무도, 보랏빛 꽃무리도, 거미줄에 걸린 잠자리도. 어느 때보다 간절하고, 어느 때보다 열렬하게, 어느 때보다 겸손한 마음으로 이글거리는 햇살 속으로 들어간 것이다. 그리하여 섬뜩한 빛 앞에서 자신을 비추어 보고, 보아서 아픈 것들을 더 큰 아픔으로 연단하여 저렇게 익어서 나온 것이다.

순간의 성취겠는가. 바람 비낀 햇살에서, 구름 걷힌 하늘에서, 비 갠 오후의 햇볕에서, 달구며 익히며 기다리다가 햇빛 소용돌이치는 여름 한낮 오늘, 흠뻑 익어서 나온 것이다. 그렇지 않고서야 한낱 보잘것없던 멍울들이 해탈한 붓다로 현신할 수 있으며, 느릅나무 거미줄의 초라한 잠자리가 인생이 벗어놓은 허물(蛻) 같은 묵시를 펼칠 수 있으랴. 햇살이 베푸는 은혜여. 그에게로 들어오는 온갖 것들을 기뻐하며 그의 성실로 익혀서 내놓는다.

어느샌가. 맥문동 꽃무리 위에서 이글거리는 햇살 속으로 내가 들어가고 있다. 환상 같은 길을 열어주심은 은혜인가 꾸지람인가. 이토록 밝게 보이는 허물들. 잘못들. 무지하여 저지른 수많은 부끄러움. 그것들이 익기를 바라며 자꾸자꾸 햇살 속으로 들어간다. 그러나 그러면 그럴수록 어느 것 하나 익어본 적 없이 쇠락해가는 내 모습만이 보인다. 어찌할까. 지금은 후회보다 살아온 삶을 간추려야 할 때인데. 그리하여 내가 내게서 자유하고, 타인에게서도 자유할 수 있는, 그것을 익혀야 할 때인데.

용서보다 자유로워질 감정이 있을까. 용서보다 자유롭게 할 이성이 있을까. 우리는 다 같이 시행착오와 허물을 지으며 가고 있는 미완성의 존재. 거미줄의 허당. 내가 받았던 아픔과 원망과 분노를 나도 똑같이 남에게 저지른 사람. 나를 슬프게 하고 실망하게 했던 상처들을 나도 똑같이 남에게 준 사람. 너를 용서하고 나를 용서하는 길만이 새로운 지평을 향하여 갈 수 있는 가벼운 차림일 것 같다. 편안하게 떠날 수 있는 자유일 것 같다. 용서가 익기를 바라며 햇살 속으로 들어간다. 흠뻑 익기를 바라며 자꾸자꾸 들어간다.

경부고속도로가 떨어뜨려 놓고 간 풍경

경부고속도로가 지나가면서 풍경 하나를 떨어뜨려 놓았다.

어느 집 울타리였을 탱자나무 꽃이 외롭고, 고목이 된 배롱나무가 사라진 집 문패처럼 남아있는 곳, 자투리땅. 과수를 가꾸고 작물을 심기도 하지만 망초대 무성한 묵정밭이 많다. 빨강 파랑 회색 슬레이트 지붕 여남은 채가 새마을운동 때처럼 남아있고, 바랠 대로 바랜 회색 지붕 굴뚝에선 매일 새벽 하얀 연기가 피어오른다. 그것이 눅눅한 여름날이면 푸른 밭 위로 낮게 퍼져 안개처럼 흘러간다. 바라보고 있으면 근원을 알 수 없는 향수가 가슴 가득 차오른다.

그곳 묵정밭에 백구가 산다. 훤칠한 키에 눈은 새까맣고 코는 불그스름하며, 고급스러운 흰빛 털옷을 입은 개다. 몸을 곧게 세워 먼 하늘을 바라보고 있는 모습은 누가 봐도 한 번쯤

반할 만하다. 아침 햇살 반짝이는 풀밭 속의 그는 어떻고.

그런 백구를 창 너머로만 이태를 보아왔다. 부엌 창 너머로, 글방 창 너머로, 베란다 창 너머로. 그러니까 백구 집은 고속도로와 내가 사는 아파트단지 사이에 남아있는 자투리땅 개발제한구역에 있다. 내 집에서 훤히 보이는 거리다. 무슨 연유로 언제부터 그곳에서 살았는지 알 수 없지만, 낯설고 적적한 내 눈 가까이에 그가 있는 것이 좋았다. 백구란 이름은 내가 지어 부르는 것이고 좋아하는 것도 나 혼자서다.

처음으로 백구를 보러 가던 날, 건너편 아스팔트길에서 "백구야" "백구야" 손을 흔들며 불렀다. 마치 오랜 친구가 저만치 서 있는 것처럼. 이사 온 지 두 해만이었다. "컹 컹" 백구가 서너 번 짖었다. 묶여있는 것에 안심하고 가까이 갔으나 막상 맞닥뜨리니 무서웠다. 멀리서 볼 때보다 훨씬 크고 위엄찬 모습이었다. 금방이라도 목줄을 끊고 덤벼들어 물 것 같았다.

그런데 웬걸, 되레 겁을 먹고 움츠려 죽는 시늉으로 피했다. 의외였다. 입술을 까집고 허연 이빨을 드러내어 으르렁거리거나, 펄쩍펄쩍 뛰어오르며 사납게 짖어서 위협을 해야 한다. 아니면 노련하게 꼬리를 흔들며 탐색전이라도 벌여야 한다. 그래야 큰 개 본연의 맛이 있고, 찾아간 사람의 맛도 있다. 하지만 등신 같은 짓거리로 잔뜩 기대했던 기쁨을 송두리째 무너뜨리고 말았다.

사는 집도 똥그란 구멍이 뚫린 조그만 시멘트 상자 같았다. 큰 개가 살기에는 턱없이 작고 불편한 집이었다. 웬만한 악천후가 아니면 항상 밖에 나와 지내며, 한뎃잠을 자는 이유를 알 것 같았다. 듬성듬성 까진 콘크리트 바닥 여기저기서 똥 무더기가 말라가고, 수채 도랑에는 하루살이 떼가 회오리처럼 날고 있었다. 다행인 것은 고약한 냄새와 배설물을 햇볕과 빗물이 대신 처리해주는 것이었다.

창문 너머로 바라볼 때는 백구가 여염집 마당에 사는 개보다 훨씬 좋은 환경에서 산다고 생각했다. 널따란 풀밭과 흐드러진 망초꽃, 달콤하게 익어가는 과일 향기. 짐승이지만 목가적 풍경을 누리는 로맨티시스트 같았다.

하지만 속도문명이 버리고 간 낡고 외진 곳. 지나다니는 사람도 친구 개도 없는 진창길 묵정밭. 그곳에 버려진 듯 소외된 생명. 달콤한 향기 따라왔던 벌 나비는 과수 꽃으로 가버리고, 흘린 밥풀이 있어야 새라도 모여들지. 아침에 주고 간 사료를 위안 삼아 긴긴날을 섰다가 앉았다가 배 깔고 누웠다가. 봄날은 봄날대로, 여름은 여름대로, 북풍한설 모진 날은 모진 날대로, 목줄 길이만큼이 만들어주는 공간에서 그 짓만을 되풀이하는 삶. 똥을 싸는 일이 그가 할 수 있는 유일한 유희이고 발산이리라. 오죽이나 외로움에 황폐해졌으면 나와의 첫 대면이 그 모양이었을까. 낭만은 창문 안에서 바라보는 나만의 것이었다.

그렇게 그곳에서 한 생명은 소리 없이 피폐하여 가고, 고속도로는 아랑곳없이 벋고 또 벋고. 자투리땅은 또 버려지고.

지난여름 폭염은 기록적이었다. 백구는 그 작은 시멘트 상자에 들앉아서 여름 내내 나오지 못했다. 그늘 한쪽 없이 불볕에 노출된 백구의 집. 남아있던 콘크리트 바닥 주변 잡풀까지 태워버린 가뭄. 뜨거운 열기가 그를 죽이지 않을까 애가 쓰였다. 이웃집 시로는(몰티즈) 에어컨 바람 서늘한 실내에 살면서도 탈진하여 두 번이나 링거를 맞고 결국 수혈까지 해서 살아났다.

자고 나면 밤사이 누가 와서 백구를 데려다 처마 밑에라도 넣어주었기를 바랐다. 자고 나면 백구가 목줄을 끊고 도망쳐 없어졌기를 바랐다.

그 여름이 기웃해진 어느 날, 배를 깔고 누운 백구 옆에 새하얀 무더기가 보였다. 새낀가 했다. 훤히 보이는 거리지만 긴가민가했다. 문득 언젠가 외로운 백구 집에 낯선 개가 왔던 기억이 떠올랐다. 목줄에 묶인 백구는 어쩔 줄 몰라 뱅글뱅글 돌다가, 겅중겅중 뛰다가, 자신을 주체하지 못했다. 나까지 반가웠던 그날을 미루어 틀림없이 새끼를 낳았다고 생각했다.

어릴 적에 어머니는 없이 살던 그 시절에도 우리 집 복구가 새끼를 낳으면 미역국을 끓여 먹이셨다. "새끼 빼낸 배가 오죽 허출할까." 하시며. 아버지께서도 정월 대보름날에는 우리와 똑같이 복구에게 귀밝이술을 먹이고 액땜하는 팥 서너 알을 먹이며 복을 빌어주셨다. 복구는 내가 먹고 버린 생선뼈다귀를 먹으며 마당 귀퉁이에서 살았지만, 우리와 같은 식구였다. 나는 삶은 돼지고기 한 토막을 들고 백구를 찾아갔다.

그러나 백구 집에는 새끼가 없었다. 두리번거리며 찾아보았으나 어디에도 없었다. 백구 배 밑을 살펴보았다. 새끼를 낳았다면 배가 처지고 젖이 불었을 텐데 젖이 없었다. 대신 뭉텅뭉텅 빠진 털 사이로 갈비뼈가 앙상하게 드러나 보였다.

그제야 백구가 눈에 들어왔다. 커다란 개가 얼마나 마르고 털이 빠졌든지 잎맥만 남아 그물처럼 돼버린 낙엽 같았다. 그 처참한 형상이 나를 알아보고 꼬리를 흔들고 있지 않은가. 그때의 심정이라니.

저 지경이 되기까지는 수많은 날을 숨죽여 울었으리라. 찬물 한 바가지 들고 찾아줄 발걸음 소리를 오죽이나 기다렸으며, 몸 들일 그늘 한쪽이 그리워 얼마나 뱅뱅이를 돌았을까.

어쩌면 백구는 어린 나이에 거세당한 암컷도 수컷도 아닌 퇴물이었는지 모른다. 생명의 향기 넘쳤던 아름다운 날들과 불끈거리는 생식(生殖)의 환희마저 희생한 충성은 잊히고, 이제는 쓸모없다 내몰려 이곳으로 온 퇴물. 비정하게 잊힌 아픔보다 더 아프게 자신을 잊고 싶어 백구는 스스로 등신이 되었을 것이다.

내 집 창가에서 바라보고 있으면, 늦은 밤 줄줄이 정체된 고속도로 자동차 후미등이 빨간 구슬을 엮어 만든 목걸이처럼 황홀하다. 느릿느릿 산모롱이를 돌아가는 한낮의 KTX가 꼭 점박이 구렁이다. 쌩쌩 달리는 속도를 보고 있어도 속도가 느껴지지 않는 속도의 美. 그리움을 자극하는 목가적 풍경 못지않은 아름다움이다. 우리는 그 아름다움에 편승하여 예사롭게 가고 있다. 풍경 속의 백구를 두고. 무엇을 잃어버리고 가는지 모른 채 가고 있다.

잃어버린 달

베란다 버티컬을 열었다
안개 같은 성에가 창문을 덮고 있다
하늘도 성에 낀 창문처럼 뿌옇다
깎여서 튕겨나간 손톱 같은 아침달이 떠있다

철새 네 마리가 줄을 지어 날아간다
B29가 지나가듯 순식간에 가버린다
이번에는 제법 긴 줄을 지은 철새 떼가 뒤쫓아 간다
앞자리를 차지하고 가던 두 놈 중 한 놈이 불쑥 앞으로 나와
선다
그래도 탈 없이 일사불란하게 줄을 지어간다
앞에 놈의 자리바꿈에 눈이 팔려서 몇 마리인지 세어보지 못
했다

아파트 덤불 사이로

황혼 같은 여명을 바라보며 울고 싶었다
하필이면 좋은 말 다 두고 튕겨나간 손톱인가
하필이면 좋은 일 다 두고 앞의 놈의 자리바꿈인가.

빈 하늘
초롱한 새벽달
미군 담요목도리 칭칭 감고
새벽기도 가는 길에 보았던 아잇적 달이 뜬다
죽인다 해도 말로 할 수 없던 그 새벽의 달
죽인다 해도 말로 할 수 없던 그 새벽의 냄새
어디로 갔을까

나이만큼 잃어버린 달
나이만큼 가버린 달
아파트 덤불 사이로
황혼 같은 여명을 바라보며 울고 싶었다.

풍경

바람이 살랑이네요
봄바람입니다
빼꼼 자란 새싹들이
'안녕' 인사합니다

바람이 살랑이네요
봄바람입니다
벚꽃 잎 서너 장 달려와
'어서 와' 환영합니다

바람이 살랑이네요
봄바람입니다
지는 해 호수에 앉아
'잘 가' 손 흔듭니다.

3.

가을에

가을에

가을은 끝마무리에 여념이 없다. 꽁꽁 묶어두었던 밤나무 열매 터칠 준비를 마쳤고, 황금 물이 든 나락도 맑은 햇살에 더욱 여물이고 있다. 속속들이 알을 밴 배추며, 단물 풍성한 과일이며, 반백이 된 억새, 들국화, 코스모스, 거기다 높고 푸른 하늘까지 담금질한다. 그런 가을이 아름답다. 여름을 이어받아 열심히 달려온 보람이 있고, 마지막을 향해 질주하려는 열정이 있어 아름답다.

생각해보면 계절은 시작과 끝이 잇대어 회전하는 영속이다. 여름의 끝에는 가을의 시작이 있고, 가을의 끝자락엔 어느덧 겨울이 와 있다. 그러한 자연의 법칙에 따라 가을은 이제 곧 생애의 가장 아름다운 모습을 거두고 냉랭한 겨울 속으로 들어갈 것이다.

그것이 기약(旣約)된 섭리라 해도, 나는 떠나는 가을을 태연하게 보낼 수가 없다. 포도에 구르는 낙엽과 바들거리는 마른 꽃, 휑한 들판. 떠나간 가을의 잔해는 가슴을 엔다. 할 수만 있다면 밭두렁에 똬리를 튼 누렁 호박을 그대로 놓아두고, 등불같이 붉은 감을 주렁주렁 매달아 놓고 싶다. 산감나무 빛나는 단풍을 잡아놓고, 구절초 하얀 꽃을 그대로 붙여놓고 싶다. 그 찬란한 성과와 아름다움으로 가을을 묶어두고 싶다.

그러나 나의 마무리에 대하여는 미련 없이 냉정해지고 싶다. 가을처럼 만족하고 겨울처럼 단호해지고 싶다. 하지만 가망 없는 바람이다. 끝맺음에서는 미물만도 못한 것이 인간이 아니던가. 초목만도 못한 것이 인간이 아니던가. 알려진 대로, 짐승들은 힘을 다하여 살다가 때가 이르면 홀연히 자취를 감춘다. 가축들도 직감으로 먹이를 끊는다. 초목도 제 일이 끝나면 왕성하던 기관들이 문을 닫고 미련 없이 마감한다. 그들은 짐승이고 초목이지만 완결에서는 인간보다 축복받은 존재들이다.

미국의 환경운동가이자 채식주의자며, 사회주의자인 스코트 니어링은 자연처럼 마감하기를 열망하여 일부러 음식을 끊음으로써 위엄을 잃지 않은 채 삶을 마쳤다고 한다. 장미(壯美)한 마무리지만 아무나 할 수 있는 일이 아니다.

신념대로 살고 신념대로 마감한 스코트 박사는 이런 말을 남겼다.

"죽음은 광대한 영역의 경험이다. 나는 힘이 닿는 한 열심히 충만하게 살았으므로 기쁘고 희망에 차서 간다."

이 구절에 사로잡혀 나는 오랫동안 멈칫거렸다. 그는 현세에서 충만하게 살았을 뿐만 아니라 죽음 너머 미지의 세계에 대한 확신이 있었다. 그 세계가 천국이든, 극락이든, 자연의 영속이든. 그러기에 기쁘고 희망에 차서 간다고 했다.

신앙은 강요할 수 없는 개인의 독특한 영역이지만, 완결선에서 만족할 수 있는 현실의 삶은 어떻게 사는 것일까. 스코트처럼 대의명분이 분명한 신념을 가지고 위대하게 사는 것일까. 아니면 어디서 많이 들어본 듯한 교시(敎示) 적인 삶일까. 이를테면 어떠한 조건에서도 자기의 삶을 사랑하고, 생계를 위한 자기 일에 최선을 다하는 삶.

고등학교 시절 국어선생님 말씀이 생각난다.

"사람은 재미를 갖고 살아야 한다. 적금을 넣어서 돈을 모으는 재미도 살맛나게 하는 재미 중의 하나다."

인생의 선배로서, 스승으로서, 제자들에게 해주고 싶었던 관조의 말씀이었을 것이다. 하지만 그때는 선생님이 말씀하신 재미라는 의미를 잘 알지 못했다. 인생에 대하여 기쁨과 보람을 일으키게 하는 재미가 반드시 위대한 신념이나 고귀한 동기에만 있는 것이 아니란 뜻으로 이해한다. 소박하더라도 가치 있는 동기를 갖고 자신의 일에 임하면, 삶에 대한 보람과 재미가 생긴다는 뜻일 것이다. 그것이 곧 충만한 삶이라는 것을 쉽게 이해하도록 가르쳐 주신 것이리라.

젊은 날의 나는 재미를 갖고 살았다고는 말할 수 없다. 내게 보람과 열정을 일으키게 하는 가치 있는 삶은 평범한 일상보다 큰 것이어야 했다. 하지만 그것을 찾아가는 길에는 내가 넘을 수 없는 장벽들이 너무나 많았다. 가고 싶어 불탔으나 가지 못해 아팠던 길. 그 길은 동경으로 남아서 젊은 날의 한구석을 늘 쓸쓸하게 했다. 열심히 산 것 같기는 하다. 그것이 재미라면 재미였을까.

돌아와 해거름에 이른 지금, 생각하면 한 인간으로서 세상 사는 일 자체가 고귀한 동기요, 위대한 신념이며, 열정을 일으키게 하는 재미라는 사실이 깨달아진다. 전쟁과 기근과 질병, 온갖 죄악과 부조리와 죽음의 공포가 도사린 세상. 그런데도 그 세상을 살려고, 그 세상을 아름답고 가치 있게 살려고, 꿈꾸며 기대하며 모험한다. 울고 웃고 사랑하고, 자식을 낳아 양육하여 생명에서 생명으로 존속시키려 한다. 뿐인가. 공존하는 다른 생명체들과 더불어 평화와 번영을 이룩하기 위해 부단히 노력한다. 살려는 의지는 얼마나 고귀한 동기인가. 위대한 신념인가.

우리가 특별하게 살지 않아도, 해가 뜨면 일어나서 일하고 해가 지면 쉬고 잠자는, 반복되는 평범한 일상 안에 이미 그 큰 것들이 다 들어있지 않은가. 그것은 인간만이 누릴 수 있는 가치요 재미다. 생각은 얕고 욕망이 앞섰던 젊은 날에는 평범한 삶 속에 깃들인 위대한 가치를 알지 못했다.

사람이 사는 길은 여러 갈래이다. 그러나 저마다 갈 수 있는 길은 따로 있다. 인생의 기쁨과 보람도 도달(到達)에 있지 않고 과정에 있다. 스코트처럼 대의명분이 뚜렷한 신념을 가지고 위대하게 살았건, 평범하게 살았건, 자신의 길에서 의미(보람)를 발견하며, 그 의미를 향하여 기쁘게 달려온 사람이라면, 허무하지 않은 가슴으로 마무리 선에 설 수 있지 않을까.

황금 벼를 딛고 지나가는 바람이 달다. 물결 짓는 바람 자국 아래서도 가을은 꺼지지 않은 열정으로 낟알을 여물이고 있다. 곧 떠날 것이면서 순간순간이 저리 기쁘다. 마지막 남은 잎사귀가 단풍으로 물드는 순간까지, 마지막 열매가 단단하게 여무는 그날까지, 저렇게 뜨거울 것이다. 그러다가 어느 날 홀연히 새로운 영역으로 들어갈 것이다. 위대한 가을! 저절로 두 손이 가슴에 모인다.

큰 나무

성곽 위 나무를 처음 보았을 때, 놀라움 그 자체였다. 둥치는 말할 것 없고, 공중으로 뻗친 수많은 가지에 달린 잎새의 집합. 웬만한 아파트 한 동에 버금갈 만했다. 느티나무였다.

나무는 화성(華城) 북문 어귀에 있다. 백 년, 아니 천 년을 묵었을 듯. 아름드리 큰 둥치에 생긴 여섯 개의 골이 마치 여섯 개의 부절을 맞춰놓은 흔적처럼 신비롭다. 그 희귀한 흔적이 나무의 위용을 더욱 위용스럽게 한다.

거기서 갈라져 나간 가지만도 열 개가 넘는다. 말이 가지이지 가지 하나 하나가 고목 둥치만 하다. 거기서 또 가지를 벋고, 그 가지에서 또 가지를 벋었다. 그런 나무가 동구나무처럼 푸근하게 품을 벌리고 선 것이 아니라 창공을 향하여 뻗쳐있다. 하늘에 닿을 듯 울창한 숲과 흠집 하나 없는 중후한 둥치,

경탄이 절로 터진다.

큰 숲에 놀라고 둥치에 놀라서 멍하니 서 있다가 나무를 안았을 때, 나는 나무의 숨소리를 들었다. 과거의 영광을 읊조리는 도도함이 아니라 현재를 완성해가는 거친 숨결이었다. 여럿을 모아 하나로 화합하고, 여럿이 모여 하나의 위업을 이루어가는 현재. 그 현재를 이끌어가는 힘찬 박동을 가슴 두근거리며 듣고 있었다. 삶은 과거나 미래의 것이 아니다. 현재의 것이다. 노목의 거친 숨결은 현재에 대한 애정이며, 책임이며, 찬양이었다.

이 나무와 마주하고 있으면 어떤 비범한 존재 앞에 서 있는 듯하다. 신념에 찬 선각자 같기도 하고, 기백이 넘치는 개척자 같기도 하다. 장엄한 침묵의 소리에 신뢰감이 차오르고, 질곡의 여정에서도 흠집을 남기지 않은 견결한 행적에 스스로 굴복하고 싶어진다.

마음이 복잡하거나 생각이 풀리지 않을 때, 나는 큰 나무를 찾아간다. 내 감정에 베이고 다쳐서 아플 때도 찾아간다. 이런 저런 일도 아니고 슬며시 생각나면 훌쩍 보러 가기도 한다. 서울 살 때는 덕수궁 뒤뜰 회화나무가 있었고, 수원으로 이사 와서는 광교마을 400년 된 느티나무가 있다. 그리고 성공회 수원교회당의 오스트레일리아 아카시아가 있다. 숱한 세월 동안 그들은 나의 쉼터가 되어 주었고 위로가 되어 주었으며 스승이 되어주었다. 지금도 그러하다.

새파랬던 시절 어느 날, 하늘색 투피스를 입고 덕수궁 회화나무를 찾았다. 머리에다 온통 천경자 화백의 꽃을 꽂고 하얀 장갑을 끼고 회화나무 아래 서 있었다. 절망감으로 찢긴 가슴에 둘러쳐진 모성의 울타리를 벗어 날 수가 없어서 차라리 화관을 쓴 여인이 되어있었다. 그리고 그 밤에 독한 술을 마시고 뒷일은 모른다. 그날, 회화나무는 나를 품고 다독이며 순화의 눈물을 흘려준 어머니였다.

지금은 새파랬던 시절의 새파란 절망 같은 것은 없지만, 근원적인 질문으로 충돌할 때가 있다. 인생은 무엇일까. 종교는 무엇일까. 어릴 적에는 단순했던 질문이 복잡하다. 누구나 그렇듯이 나도 내게 주어진 삶을 열심히 살았다. 그런 인생 끝자락엔 찬란한 깃발이 휘날려야 하는 것이 아닐까. 나는 글자를 깨치기도 전에 기독교인이 되었다. 그리고 그 길에서 이탈하지 않고 여기까지 왔다. 순탄하고 감격에 넘쳤던 길을 이제는 비틀거리며 간다. 신앙의 대상에 대한 회의라기보다 종교를 전달하는 여러 매체에 대한 질문이 복잡하다. 모순덩어리인 삶. 수용하기 힘든 종교 매체의 양상. 어떻게 유연하게 받아들일 수 있을까.

성공회 수원교회당 계단 옆에 서 있는 오스트레일리아 아카시아는 참으로 아름답다. 푸른 이끼를 두른 아름드리 허리를 수굿이 구부리고 겸손하게 나뭇가지를 벋고 있다. 이 나무가 교회 역사와 함께했다면 100년을 늙었다. 흡사 겸허한 성자의 모습이다. 좁은 공간인데도 베어버리지 않은 신도들의 마음이 느껴진다.

이 나무 밑에 들어서면 나무를 따라서 내 자세도 낮아진다. 설교를 듣지 않았는데 하나님의 은혜가 마음 가득 찬다. 그 이유를 알 수 없다. 그냥 조그마한 성당, 오래된 나무 몇 그루, 아담한 분위기, 이러한 것들과 어울려서 나를 더없이 낮아지게 한다. 그리하여 거역할 수 없는 절대자의 권위 안으로 들어가 순하게 엎드린다. 다시 그물에 씌워서 발버둥 칠지라도 이 나무 밑에서만은 복잡했던 질문이 사라지고 편안해진다. 큰 나무의 카리스마일 것이다.

내가 큰 나무를 찾는 것은 흠모할 큰 사람을 만나고 싶은 잠재된 그리움일 것이다. 이상적 자아를 향한 갈망이기도 할 것이다. 그보다는 문명의 회색 산물을 깨부수고 원시의 미개로도 행복한 세상을 만들 수 있는 전능자를 그리는 것일지 모른다.

지금, 성터를 지나는 바람에 울창한 느티나무 숲이 흔들리고 있다. 잎새가 뒤집혔다 바로 됐다 할 적마다 연록과 진록의 빛으로 뒤섞인다. 그렇다고 사시나무나 버드나무처럼 가지가 요동하고 이파리가 헷닥헷닥, 희었다 푸렀다 까부는 것이 아니라 한 덩어리로 태연하다. 지나가는 바람에 뿐이랴. 천둥 번개 내리치는 폭풍우에도 저 모양 의연할 것이다.

뿌리가 깊어야 큰 나무가 된다 했다. 그러한 나무는 실용적일 뿐만 아니라 정서면으로도 사람에게 유익을 끼친다. 오산 '물향기 수목원' 산림전시관 앞에 있는 노거수는 500년을 살고 고사한 나무지만 보존가치가 있어서 이곳으로 이전해 왔다.(남양주시 보호수 1호였던 느티나무) 절반이 시멘트로 멘 등걸만 남았어도 시대의 한 정신으로 우뚝 살다간 큰 스승과 같은 감동을 잃지 않고 있다. 주목(朱木)이라는 나무는 살아서 천 년, 죽어서도 천 년이라 하지 않던가.

한 그루 나무만도 못한 인간 존재의 한계가 쓰리다.

제철에 피어서 더 귀한 꽃

운동 삼아 산책 삼아 다니는 근린공원에 조그마한 화단이 하나 있다. 사람이 지나다니는 길은 물론, 아이들 놀이터까지 깔아놓은 우레탄 틈새에 만들어진 꽃밭이다. 여기에 봄부터 가을까지 갖가지 꽃이 핀다. 퍼붓는 불볕더위에 고무 타는 냄새가 진동해도 너그럽게 꽃이 핀다.

이 화단에 화초를 심어 가꾸는 이는 올해 일흔둘이 된 할아버지다. 전직이 무엇이었는지는 알 수 없지만, 모자의 옆 챙을 날렵하게 말아 올려 쓴 모습이 서부영화에 나오는 카우보이 같다. 영화배우처럼 세련된 멋은 없지만 나이답지 않은 건강미가 남아있다.

카우보이 할아버지와 말을 튼 것은 지난해 늦가을, 화단에 막대기를 세워서 노끈을 매고 있는 그에게 말을 붙이면서였다.

"화초도 다 시들었는데 금줄을 왜 치세요."

"접시꽃을 옮겨 심었는데 밟힐까 봐서 그러지요."

접시꽃은 씨를 심는다고만 알고 있다가 뿌리를 심는 종류도 있다는 사실을 그때 알았다. 화초를 잘 아시는 분이구나 생각하며 새로운 지식을 얻게 되어 기뻤다.

접시꽃은 올봄에 새움을 내어서 줄줄이 꽃을 피우기 시작했다. 다른 꽃나무도 꽃을 피웠다. 그러면서 할아버지를 자주 보게 되었다. 마치 추수할 기쁨으로 농사를 짓는 농부처럼 가래질하고, 거름을 넣고, 북을 돋우었다. 지지대에 화초를 얽어매고, 농약을 치고, 꽃이 진 화초는 걷어내어 큰 나무 아래에 두어서 거름이 되게 했다. 그러고 그 빈자리에다 새 모종을 사다 심었다. 화단뿐만 아니라 공원 빈자리에 채워 넣은 화목만도 62그루가 넘는다고 한다. 그러고서 공원 지킴이처럼 틈새가 생긴 울타리며, 잡초 뽑기며, 손봐야 할 자잘한 일들을 챙겨서 한다.

내가 진심으로 치하하며 꽃을 보는 것이 즐겁다고 했을 때, "사람들이 市에서 주는 돈을 받고 한다는 소리나 말았으면 좋겠어요." "이래 봬도 약 치고, 거름 사고, 꽃나무 사다 심는데 든 돈이 이백만 원이 넘어요." 그러면서 유쾌하게 웃었다. 그러는 할아버지가 걷어낸 화초 자리에 다시 심은 모종처럼 새롭게 느껴졌다.

화단 옆은 아이들 놀이터다. 그네와 미끄럼틀, 시소를 타는 조무래기들이 이른 아침부터 논다. 노인들의 쉼터, 정자도 그 옆에 있다. 아이들은 철 따라 피는 색색의 꽃을 보며 그네를 타고, 미끄럼 놀이를 한다. 자전거를 탄 소년도, 걷기운동을 하는 어른들도, 화단을 끼고 돌며 꽃을 본다. 어쩌면 아이들은 그네를 타고 하늘 높이 올랐다가 오색 꽃밭에 뚝 떨어지는 꿈을 꿀지 모른다. 몰려오는 벌떼에 놀라서 오줌을 싸버릴지 모른다.

나는 화단 옆을 지날 때 풍겨오는 금숭아의 노린내가 좋다. 옛날 어른들은 이 꽃을 집 안에 심으면 뱀이 나오지 않는다고 장독대 옆에 많이 심었다. 어릴 적에는 냄새가 고약해서 무척 싫었는데 지금은 고향 냄새 같아서 좋다. 시간이 너무 흘러서인지 꽃 모양도 조금 다른 것 같고 냄새도 약하지만, 꽃 앞에서 있으면 그때의 하늘빛과 꽃냄새와 바람의 느낌이 그대로 살아난다. 장독대에 벗어놓고 간 구렁이 허물(蛻)도 살아난다.

어릴 때의 기억은 참으로 오랫동안 남아있다. 느낌도 오래 남아있다. 놀이터 아이들도 내 나이가 될 때까지, 아니 더 오래도록 화단의 꽃 모양과 색깔과 반짝이던 아침 햇살을 담고 있을 것이다. 검정 호랑나비의 펄럭거리는 날개 무늬와 꽃나무 사이로 치솟은 솟대 위의 고추잠자리를 기억할 것이다. 그리고 놀이터의 작은 꽃밭이 세상에서 제일 크고 예쁜 꽃밭으로 남아

있게 될 것이다. 내가 다니던 초등학교 교문 앞 느티나무가 세상에서 제일 큰 나무로 지금까지 남아있듯이. 그것은 세월이 남겨주고 간 선물. 할아버지는 당신이 가꾸는 꽃밭이 어느 영롱한 작은 가슴에 담겨서 오래도록 늙지 않고 어여쁠 바로 그 선물이라는 것을 알기나 할까.

지금 꽃밭에는 가을이 머물고 있다. 여름을 시원하게 해주었던 꽃밭 귀퉁이의 토란이파리는 한물갔고, 과꽃과 코스모스가 한창이다. 여름에는 이파리가 넓죽하고 큰 화초가 많았다. 토란과 아주까리, 접시꽃이 그랬고, 은행나무를 타고 올라간 나팔꽃 이파리도 어른 손만큼이나 컸다. 걸쭉한 땅 냄새를 맡고 검푸르게 자란 이파리들은 뜨거운 지열을 식혀주는데 한몫을 했다. 그중에도 우산 같은 토란이파리는 온 식구가 둘러앉아 시원한 수박 물을 삼키며 날렸던 감탄사를 절로 나오게 했다.

"야! 어쩜 수박은 이렇게도 여름철에 딱 맞는 과일로 익었을까."

그런 감탄사를 요즈음은 코스모스를 보며 날린다. 코스모스를 가을꽃이라고 하지만 요새는 봄부터 핀다. 지구온난화가 사계절을 모호하게 만들고, 화훼기술의 발달로 개량종이 생겨나니, 많은 꽃이 제 모양, 제 색깔, 제철을 잃어버렸다. 코스모스도 제철을 잃었다. 여기도 봄부터 피어서 여름에는 보기 싫게 변해있었다. 그런 것을 할아버지가 뽑아버리고 모종을 다시 구해서 심은 것이 지금 한창이다. 하늘은 높고 바람은 선들선들. 공원을 돌면서 보는 정취가 한껏 좋다. 시오리 산소길 들녘에 피어있던 그 코스모스다. 할아버지도 나와 같은 정서를 잊지 못해서 모종을 다시 심은 것이 아닐는지. 코스모스는 역시 봄보다, 여름보다, 제철 가을이 제일 곱다. 사람의 가슴을 적시는 고유의 정취도 깊다. 그래서 제철을 맞춰 핀 꽃이 더 귀하게 느껴진다.

제철에 피어서 귀한 꽃을 사람에게 비한다면 나이에 맞게 성숙한 '나이다움'이 아닐까 생각한다. 어린이는 어린이다움. 청년은 청년다움. 노인은 노인다움. 노년은 인생의 어느 시기보다도 소유가 아닌 향유에 그 아름다움이 있을 것이다. 할아버지가 가꾸는 꽃밭이 평생 쌓아온 지식이나 재물을 사회에 환원한 사람들의 업적과는 비교할 수 없이 작은 것이라 할지라도, 그는 자기 것을 내놓아 나눔으로써 누릴 줄 아는 사람이다. 노년의 시간을 나름대로 향유할 줄 아는 사람이다. 그런 할아버지가 제철에 피어서 더 귀한 꽃 같기도 하고, 철을 맞춰 익은 과일 같기도 하다.

질투

아침 산책길에서 보라색 도라지꽃을 만났다. 같은 꽃이라도 아침에 보면 더 예쁘다. 새물 냄새가 난다. 도랑 건너 길 위 텃밭에도 도라지꽃이 피었다. 꽃을 보려고 서너 개 계단을 밟고 올라갔다.

노인네 소일거리로 알맞은 두 두렁짜리 조그만 텃밭이다. 엉덩이 깔개를 찬 새하얀 할아버지가 배추밭 고랑 사이에 앉아서 풀을 매고 있다. 그리고 몇 발자국 떨어진 곳에 할머니가 서 있다. 나는 말했다.

"지나다가 도라지꽃이 예뻐서 구경 왔어요."

할아버지가 일손을 멈추고 미소 띤 얼굴로 말했다.

"저어기 하얀색이랑 섞어서 꺾어가세요."

그 말이 떨어지기가 무섭게 할머니의 앙칼진 목소리가 할아버지를 쏘아붙였다.

"꺾어가기는."

순간 놀랐다. 앵돌아진 말투가 내 심장을 겨냥해서 날아오는 총알 같았다. 나는 도라지꽃을 꺾어갈 마음도, 얻어갈 마음도, 처음부터 없었다. 밭머리에 피어있는 도라지꽃을 가까이서 보고 싶었을 뿐이다.

나는 망구다. 그것도 개나리, 벚꽃, 다 보내고 이제야 철 지난 봄을 구경 나온 시원찮은 할망구다. 얼굴에 분칠하지도 않았고, 맵시를 꾸미지도 않았으며, 애교 없는 경상도 억양이다. 그런데 왜 할머니의 총알이 앵돌아져 내게로 왔을까. 도라지꽃이 예쁘다는 칭찬에 선심이 생겼을 뿐인 할아버지에게 할머니는 왜 총을 쐈을까.

어린 왕자는 자기별에 떨어진 알 수 없는 씨앗이 어느 날 아름다운 장미꽃을 피운 것을 보고 감탄했다. 그러나 장미는 오만했다. "저는 해님과 함께 태어났어요." 그러면서 아침밥을 갖다 달라. 호랑이도 무섭지 않은 네 개의 가시가 있다. 뻔뻔스레 허세를 부렸다. 바람이 무서우니 바람막이를 해 달라. 밤에는 추우니 유리 덮개를 씌워 달라. 거짓 기침과 엄살과 허영심으로 왕자를 괴롭혔다. 실망한 왕자는 다시는 돌아오지 않으리라 마음먹고 자기별을 떠났다.

지구별에 온 어린 왕자는 어느 집 정원에 핀 5천 송이의 장미꽃을 발견하고 놀랐다. 장미는 자기가 세상에서 단 하나밖에 없는 꽃이라고 자랑하지 않았던가. 그런데 흔하디흔한 꽃에 불과하다니. 슬펐다. 왕자는 엎드려 엉엉 울었다. 그때 여우를 만났다. 여우를 통해서 왜 자기별에 두고 온 장미가 세상에서 하나밖에 없는 꽃인가를 알게 되었다.

"그것은 내가 물을 주었고, 유리 덮개를 씌워주었으며, 바람막이도 세워주었고, 쐐기벌레도 잡아주었지. 그리고 나는 내 꽃이 불평하는 소리도, 자랑하는 소리도 들어주었지. 심지어 침묵을 지키고 있을 때도 이해해 주었어. 그 꽃은 내 장미꽃이니까."

어린 왕자는 비로소 장미의 헛기침과 오만과 허세와 괴롭힘이 사랑의 다른 얼굴이었음을 알았다. 자기별을 망치는 바오밥나무 어린싹 뽑기에 열중하고, 날마다 세 개의 화산을 청소하는 데 시간을 보내며, 지는 해 보기를 좋아하는 어린 왕자의 관심을 빼앗아 자기에게로 돌리고 싶은 질투이었음을 알았다. (그 별에서는 하루에 마흔세 번 지는 해를 볼 수 있었다)

"사실 나는 아무것도 이해할 수 없었어요. 꽃은 나에게 향기와 눈부신 아름다움을 선사했는데 나는 즐길 줄 몰랐어. 꽃에게서 도망치지 말았어야 했는데. 꽃은 정말 모순덩어리야! 하지만 나는 꽃을 사랑하기엔 너무 어렸어."

그래. 꽃은 모순덩어리지. 사랑은 모순덩어리지. 순수하고 착하며, 희생적이고 향기롭고 아름답지만, 거짓과 위선, 독점욕과 질투의 가시를 가졌지. 숨긴 발톱을 꺼내서 할퀴고 피를 내기도 하지. 어린 왕자는 요염한 장미의 질투가 귀찮아서 자기 별을 떠나왔지만, 사랑의 다른 이름이 질투라는 것을 알기에는 너무 어렸다.

질투는 그 대상이 사랑이든, 재능이든, 출세이든, 과잉욕망에서 생겨난다. 자살로서 자신을 파멸시킨 궁중음악장 살리에르의 질투는 도저히 따라갈 수 없는 모차르트의 천부적인 재능에 대한 선망이었고,(영화 아마데우스) 흑인 용병 오셀로의 인생을 송두리째 무너뜨린 이아고의 질투는 오를 수 없는 출세에 대한 시기심이었다.(셰익스피어 오셀로) 그런데 남녀 간의 사랑에 기생하는 질투는 참으로 미묘하다. 자신에게 질투심을 일으키게 한 장본인이 죽어 없어졌어도, 그의 죽음까지 쫓아가서 할퀴고 피를 내야만 직성이 풀리는 앙칼진 것이기도 하다.

캐딜락이 미국 최고급 자동차이었을 때, 한 일간지에 단돈 50불에 판다는 광고가 올랐다. 지금으로 치면 1억 5천만 원 상당의 우리나라 신형 에쿠스 리무진을 500만 원에 판다는 광고쯤으로 생각하면 될까. 사람들은 시가보다 터무니없이 싼 가격을 믿지 않았다. 0(공)이 잘못 붙은 것일 거라고 넘겨버렸다. 그러나 1주일 후에 실제로 50불에 팔렸다.

내용을 알고 보니 고인이 된 남편이 캐딜락을 팔아서 생전의 여자 친구였던 X양에게 모두 주라는 유언을 남겼기 때문이었다. 속앓이가 깊었던 그의 아내가 단돈 50불에 파는 것으로서 죽은 남편을 쫓아가 할퀴어 피를 내고 돌아온 것이다.

어린 왕자는 독사에게 물려서 자기 별로 돌아갔다. 할머니의 총알을 맞은 할아버지는 어떻게 됐을까. 죽었을까. 좋아서 웃었을까. 장약도 없는 총을 쏴대는 시들은 장미의 가시여. 딱합니다.

이름 없는 별을 위하여

초인종이 울려서 현관문을 열었더니 경비 아저씨가 서 있다. 샛노란 국화꽃 한 송이가 싱싱하게 핀 아주 작은 화분을 들고서.

나를 보자마자 다짜고짜로 "물을 잘 주면 내년에도 꽃을 볼 수 있을 겁니다." 한다. 뜻밖이었지만 까다롭게 생각 않고 고마운 마음으로 받았다. 국화꽃 상긋한 냄새가 좋았다.

아저씨에 관하여 아는 것이 없지만, 전할 말이 있어서 찾아오거나, 이런저런 공동 안건에 서명을 받으러 왔을 때 보면, 학력이 높은 사람 같지는 않았다. 자그마한 체구에 시골티 나는 약간 어눌한 아저씨였다. 그러나 숱 많은 머리를 포마드를 바른 것처럼 흐트러짐 없이 빗어 넘긴 인상이 느슨해 보이지 않았다.

아저씨는 인상처럼 부지런하고 깔끔했다. 새벽같이 마당을 쓸고도 바람이 불어 나뭇잎이나 종이가 구르면 또 쓸었다. 눈이 내리는 날에는 사람 다니는 길이 얼어붙지 않게 몇 번이고 쓸었다. 밤사이 함박눈이 내려 쌓여도 언제 쓸었는지 출근길이 불편하지 않았다. 화단 나무에 북을 치고, 지지대를 세워 수형을 잡아주는 등, 하지 않아도 될 정원사 일까지 수시로 했으며, 출입문 계단 앞머리에 물려놓은 휘갑쇠까지 반짝반짝 광이 나게 닦았다.

아이와 노인들에게 자상했고, 장바구니가 무겁거나 부피가 크면 외면하지 않고 도와주었다. 갑자기 외출이 생긴 젊은 엄마들은 학교에서 돌아올 아이들을 부탁하며 집 열쇠를 맡기기도 했다. 그와 같은 신뢰와 유대감이 아저씨를 고용인이 아닌 이웃처럼 생각하게 했다. 나는 지나다가 장바구니에서 과일을 꺼내 드리기도 하고, 가벼운 요깃거리를 드리기도 했다. 모르거니와 나만 그랬을까.

세상은 아날로그에서 디지털로 급속히 넘어갔다. 아파트 관리 형태도 변했다. 경비 일체를 용역회사에다 맡긴 후로는 몇 군데 중요 장소에만 경비원이 상주하고 각 동의 출입문마다 있던 경비원은 없어졌다. 대신 요소요소에 무인카메라를 설치했다. 따라서 출입문은 자동문으로 바뀌어서 비밀번호를 입력하여야 들어갈 수 있게 되었다. 그 과정에서 기존의 여러 경비원이 퇴출당하였으나 아저씨는 용역회사에 흡수되어 정문 초소에서 근무했다.

변화가 나쁘지만은 않았다. 합리적이고 경제적이었다. 그러나 무거운 장바구니를 엘리베이터에 실어주고, 경비실에 맡겨놓은 물건을 현관까지 가져다주며, 신뢰하고 열쇠를 맡기던 촉촉한 인간관계를 더는 기대할 수 없게 되었다. 용역회사의 용원은 대가 없는 수고는 절대 하지 않는다. 그뿐만 아니라 주어진 일 이외는 손대는 법이 없다.

그날은 가을볕이 유난히 좋았다. 외출하려고 나서는데 마침 아저씨가 출입문 옆 지하 차고 환풍구(換風口)를 청소하고 있었다. 내심 놀랐다. 여러 해 아파트 생활을 해왔지만 차고의 환풍구 틈새를 청소하는 사람은 처음 보았고, 더구나 지금은 자기 영역 이외의 일은 칼같이 구분하는 용역회사 용원이다. 내 집 베란다 창틀도 조금만 소홀히 하면 자동차 매연과 분진이 새까맣게 눋는데, 지금까지 내버려둔 환풍구 틈새는 오죽하겠는가. 몇 군데를 닦아내었는지 알 수 없지만 다가가서 치하하는 나를 쳐다보는 얼굴 곳곳에 검은 먼지가 물감처럼 묻어있었다. 세상은 야박해가지만 변함이 없는 아저씨. 잔잔한 감동이 일었다.

그 일이 있은 얼마 후, 외출에서 돌아오는 나를 부르더니 가지고 있던 출입문 열쇠를 내밀며 "주고 싶은 사람에게 줄랍니다." 한다. 감지기에 갖다 대면 자동으로 열리는 열쇠다. 앞뒤 설명 없이 단도직입으로 내미는 바람에 어리둥절했으나 어눌한 데다 몹시 겸연쩍어했으므로 달리 묻지 못하고 여분의 열쇠거니 지레짐작으로 받았다.

그러고 며칠 뒤 그 샛노란 국화꽃 화분을 들고 우리 집 현관 앞에 서 있었다.

한동안 아저씨가 보이지 않았다. 궁금하여 경비실 직원에게 물었더니 얼마 전에 세상을 떠났다고 한다. 뜻밖이었다. 엊그제 뵌 것 같은데 그사이 유명을 달리하다니. 나이도, 됨됨이도, 아까운 사람이 갔다. 그동안 췌장에 병이 생겨 투병을 해왔으나 그런 사실을 아무에게도 내색하지 않아 동료들도 몰랐다고 한다.

그랬구나. 큰 병을 앓으면서도 주저앉지 않고 생명의 끝자락까지 열심히 살다간 사람. 자기 일을 사랑하고, 자기 일에 충실하며, 자신에게 정직했던 사람. 병고로 지쳤을 몸을 달래며 환풍구를 털어낸 것은 몸담았던 일터에 드리는 마지막 인사였으리라. 내게 열쇠를 주고 국화꽃을 선물한 것도 그와 같은 의미 이외 무슨 딴 뜻이 있었겠는가. 어쩌다 내가 던지는 관심이 격려가 되었는지 모른다. 몹시 춥던 어느 겨울날 갖다 드린 뜨거운 김치국밥을 받고서 유창하게 하지 못했던 인사의 말을 그런 식으로 하고 갔는지 모른다.

그가 했던 일들이 경비원의 마땅한 임무이며 별난 칭찬 거리가 못 된다 해도, 우리 사는 세상은 낮은 곳, 보이지 않는 사람들의 작은 양심, 작은 정의로 말미암아 아름답게 유지되는 것이다.

그날 받았던 국화꽃을 이듬해에 다시 보지 못했다. 그러나 문득 그날의 국화꽃이 떠오를 때면, 아저씨가 이름 없이 뜨고 지는 수많은 별 중의 하나였다는 생각을 한다. 다 같은 별이면서 해님이나 달님은 확실한 이름을 얻고 우뚝 칭송받지만, 그들과는 또 다른 빛으로 세상을 비추고도 이름 없이 지는 별. 그 별을 내 글에서만이라도 우뚝 빛내주고 싶다.

봄날 죽이기

활짝 핀 목련이 권태롭다.

검은 가지에 뜨문뜨문 봉오리였을 때는 천 마리 학이 내린 듯, 수백 개의 촛불이 봄밤을 밝히는 듯 몽환을 일으키더니, 활짝 펴 흰 덩어리가 된 요즈음은 싫증이 난다.

꽃을 두고 까탈을 부리는 짓이 터무니없는 일이지만, 말썽꾸러기 호흡기 때문에 겨울은 물론, 봄바람도 무서워서 갇혀 지내다 보니, 빽빽한 꽃 덩어리가 무생물같이 답답하다. 생물은 움직여야 생물답다. 공처럼 튀어야 한다. 베란다 창 너머로 표정 없는 흰 덩어리를 내려다보고 있자니 가뜩이나 지루한 봄날이 더욱 지루하다.

앞뒤 헤아리지 않고 후딱 일어나 아파트를 벗어났다. 화창한 날씨. 새로 생긴 길에 어린 벚나무들이 줄을 이어 꽃을 피웠다. 우리 아파트 벚꽃은 떨어지고 있는데 여기는 한창이다. 도회의 봄꽃은 순서대로 피는 것이 아니라 앉은 자리 따라 핀다. 지난해는 그 나름 흐드러졌더니 올해는 성글다. 애송이라도 해거리를 하는 모양이다. 자연은 사람보다 한 수 위다. 애써 가르치지 않아도 살아가는 법을 스스로 터득한다. 한 해는 꽃이 져주고 잎이 이겨서 왕성하게 엽록소를 만들고, 몸통과 가지가 충분한 영양분을 공급받아 한껏 성장한다. 그리고 한 해는 잎이 져주고 꽃이 이겨서 흐드러지게 핀다. 그들은 그렇게 주거니 받거니 서로 도우며 지혜롭게 살아간다.

해거리 벚꽃을 보니 기특한 내 집 화초 생각이 난다. 기르는 화초 중에 작은 봉오리가 꽃대 끝에 무리로 맺혀서 한 송이처럼 피는 꽃이 있다. 그들은 필 때도 질 때도 차례로 피고 차례로 진다. 그런데 먼저 피어서 시든 꽃은 맨 마지막 차례가 필 때까지 떨어지지 않고 꽃대에 붙어서 말라간다. 나는 너저분한 그 모습이 보기 싫어서 다음 차례가 남아있어도 베어버리곤 했다. 그러나 가루받이할 곤충들 눈에 잘 뜨이기 위하여 크게 보이려는 지혜라는 것을 알고부터는 잘라버리지 않는다. 제 몸의 괴로움을 감수하면서까지 동료에 대한 배려와 의리를 저버리지 않는 자연의 세계. 그들의 묵시는 성서와도 같다.

목적지를 정하고 나온 것이 아닌데 어느 사이 냇가 벤치에 앉아있다. 내 발이 옛 장수의 애마처럼 나를 태우고 여기로 온 것이다. 봄 가뭄에 찌든 냇물이 간신히 바닥을 기어가고 있다. 그래도 가슴이 트이고 시원하다. 얼마만의 산책인가. 멍텅구리 세간들만 보며 지내다가 햇빛이며, 구름이며, 물소리, 새소리, 살아있는 것들과 마주하니 생기가 난다. 가슴을 쭉 펴고 심호흡.

건너편 동네 골목에서 무리 개들이 둑방으로 몰려오는 것이 보인다. 누렁이, 흰둥이, 점박이. 작년 늦가을에 태어났음직한 강아지 두 마리. 하나 둘…. 일곱 마리다. 뒤엉키고, 도망가고, 쫓아가고. 가만히 보니 꼬리를 똥그랗게 말아 올리고 아장거리며 나왔던 점박이를 따라 야단법석이다. 점박이가 이리로 가면 다른 개들도 우르르. 저리로 뛰어가면 저리로 우르르. 멀리 가버렸나 싶으면 몰려서 또 나타나고. 점박이 빼고는 모두 수놈인 모양이다. 수컷은 원래 분수없는 족속들(?)이니까. 영문을 모르는 강아지들은 멀거니 보고 섰다가 저들끼리 치던 장난에 도로 빠지곤 한다. 창백한 도회의 고독 속에서 막무가내로 어울려 뒹구는 축복받은 무리. 나는 녀석들의 역동적 난무에 얹혀서 봄날 한 마장을 죽이고 있다. 그래도 해질녘은 아직 멀었다.

다시 발걸음이 인도하는 대로 걷는다. 이 한가로움이 자유일까. 소외일까. 권태일까. 인생의 어느 시점은 그런 것들을 생각 않고 그냥 사는 것일 거다. 그 시기가 보다 늦게, 더 짧다면 좋겠지.

익숙한 문암골 길. 커다란 목련 나무 아래 그 자리. 그 할머니가 냉이 두 무더기를 치마 앞에 놓고 앉아있다. 겨울을 거뜬히 넘긴 할머니의 건강을 증명하듯 등허리가 짱짱하다. 올해 여든넷을 맞은 할머니의 건강장수 철학은 "타고나는 것"이다. 나는 그의 지론에 전적으로 동의한다. 철 따른 푸성귀를 고만큼씩 갖고 드문드문 고자리에 나와 있는 할머니는 장사꾼이 아니고 사람 구경꾼이다. 오가는 등산객들의 이런저런 모습을 구경하고, 말도 붙이고, 이웃 할머니도 곁에 앉혀놓고. 봄 들어 등산객이 늘어나기 시작하니 나오신 모양이다.

"할머니. 많이 파셨어요?"

"팔긴. 그냥 나와서 봄날이나 죽이는 것이제."

오늘은 이웃 할머니 대신 내가 곁 동무가 된다.

때마침 골을 가르며 내려오는 산 중턱 외딴집 닭 울음소리. 등지고 앉은 목련 나무에선 간간이 꽃잎이 떨어지고. 꽃잎이 냉이 바구니에 내려앉기도 하고. 나머지 봄날 한 마장이 그들과 그렇게 진다.

초라한 탈출

대공원 광장에 섰다. 바람이 차다. 그러나 싱그럽게 느껴진다. 지하철을 타고 오는 동안 마신 텁텁한 공기와의 대비 때문일 것이다. 가슴을 펴 싱그러운 바람을 깊이 들이마신다. 하늘이 가을처럼 파랗다.

어디로 방향을 잡을까. 미술관 가는 길을 택했다. 털이 붙은 후드를 끌어올려 머리를 감싸고 걷는다. 햇볕이 따스하지만 영하의 날씨다.

한적한 오솔길로 들어서니 벚나무들이 검은 몸뚱이를 내놓고 있다. 무성한 이파리, 흩뿌리는 꽃비, 우수를 물들이던 단풍은 어디로 가고, 앙상한 뼈다귀를 걸친 몸뚱이만 남았다. 발길을 멈추고 시선을 멈춘다. 저것을 딛고, 을씨년스런 저 몰골을 딛고, 흐드러졌던 꽃구름은 얼마나 장관이었던가. 붉게 타는 우수는 또 얼마나 뭇 마음을 흔들었던가. 허망한 것들.

벚나무는 허망한 그것들을 위해 올겨울도 벌거벗고 섰다. 벌거벗고 서서 또다시 꿈을 꾼다.

코끼리 열차가 지나간다. 듬성듬성 앉은 아이들 몇몇이 나를 향해 손을 흔든다. 보기만 해도 행복해지는 어린것들. 아이들에게는 추위도 더위도 없다. 저만치 보이는 정자는 하산 길에 쉬었다 가던 쉼터다. 동창들과 매주 한 번씩 왔던 대공원 산행이 새롭다. 아네모네 마담은 어떻게 지낼까. 우리는 다방 세대다. 길다방, 수다방, 모나리자. 배낭에 커피와 크림, 찻숟갈까지 챙겨 와서 다방을 차리는 친구를 아네모네 마담이라 불렀다. 좋은 시절이었다. 시간은 강물처럼 가버리고 사람도 겨울 광장 벚나무처럼 남는가.

미술관을 알리는 플래카드가 보인다. 나는 미술 전시를 관람하러 온 것이 아니다. 아침에 일어나서 오디오를 켰더니 귀에 익은 경쾌한 선율이 울렸다. 마음껏 음량을 높여서 기분 좋게 하루를 시작하고 싶었다. 그러나 이웃을 생각하며 기어가는 소리로 들을 수밖에 없다. 한밤중을 깨우는 위층 남자 오줌 쏘는 소리까지 참아야 하는 생활공간. 짓눌려 사는 압박감이 오늘따라 신경질적으로 솟구쳤다. 게다가 겨우내 갇혀 지내는 답답증까지 합세하는 바람에 돌파구를 찾아 과천 대공원으로 왔다.

옹색하다 못해 쓸쓸하기까지 한 이 탈출이 오늘 아침의 짜증만이 원인일까. 나는 매일 탈출하고 싶다. 해어져 너덜거리는 육체에서 탈출하고 싶고, 더덕더덕 붙은 권태에서 탈출하고 싶다. 화석 같은 가슴에서 탈출하고 싶고, 떨어진 새처럼 파닥거리는 고독에서 탈출하고 싶다. 무엇보다 삶의 과정에서 파생하는 필연적인 것들을 너그럽게 수용하지 못하는 나 자신에게서 도망치고 싶다.

미술 전시에 관한 정보는 아무것도 없다. 추위를 녹일 겸 전시장으로 들어간다. 찬바람을 맞으며 걸어오는 길이 힘들었다. 구내 레스토랑으로 먼저 가서 뜨거운 커피로 몸을 달랜다.

오늘 전시된 작품은 호크니의 '와터 근처의 더 큰 나무들'이다. 추운 겨울을 견디고 봄을 맞은 나무들을 50개의 캔버스에 연결하여 하나의 대형 풍경을 펼쳐낸 멀티 캔버스 회화다. 전시 작품은 그것 하나뿐이다. 제작 과정과 작가에 대한 소개를 보여주는 영상이 따로 마련되어있었으나 선입견 없이 보고 싶어서 곧바로 나무 앞으로 갔다. 그림에 대하여 까막눈이나 다름없지만 보이는 대로 볼 것이라는 고집이다. 그리고 화가가 여러 시점에서 포착한 그림 속 풍경을 배회하다가 여유를 찾은 뒤 캔버스를 세어보았다.

봄이 온 들판에 키 큰 나목들이 빽빽이 서 있다. 전면 중앙의 거대한 나목은 오는 길에 만났던 벚나무만큼이나 연륜이 느껴진다. 그 나무 뒤로 줄지어 선 나무들은 원근의 차이로 크기를 가늠할 수가 없다. 나무들 꼭대기에서 벋어나간 크고 작은 잔가지들이 얽히고설켜서 완만한 능선을 이룬다. 나무 능선에 아지랑이가 걸린 듯 몽롱하다. 봄볕이 부드럽게 내린 것이다. 중앙의 거대한 나무 뒤 멀리 후광처럼 펼쳐있는 불그스름한 관목림은 해거름 마지막 햇살을 받고 있다. 오른쪽에 붉은 벽, 파랑 지붕 집이 있는 곳은 어둑한 밤이 스며들고 있다. 왼쪽에는 초록빛 들판을 끼고 굽은 길이 멀어져 간다. 먼 풍경이라 아련하지만 맑은 햇살이 내려 싱그럽기 그지없다. 아침이다. 내가 서 있는 발 앞 어둑한 곳에 수선화가 활짝 폈다. 밤이라고 느꼈다. 팸플릿을 통해서 작가가 팝 아티스트라는 귀띔을 받았지만, 색채가 강렬하거나 난해하지 않다. 전통과 21세기가 뒤섞인 편안한 그림이다.

전시관 벽면 하나를 차지한 대형 멀티 캔버스 안에는 시간에 따라 변하는 자연의 다양한 모습이 들어와 있다. 그러나 와더 근처의 더 큰 나무들은 시간을 벗어버린 자유한 나무다. 하루의 시작을 아침이라 하지 않고, 밤을 끝이라고 하지 않는다. 헐벗은 겨울의 노래와 희망찬 봄의 찬가가 다르지 않다. 빛나는 청춘의 자랑도, 사라진 것에의 허무도 없다. 50개의 캔버스 중앙에 들어와 있는 더 큰 나무들은 시간에 온전히 순응함으로

써 시간을 벗어버린 자유였다. 평안이었다. 화가가 무어라고 할지 모르지만 학습되지 않은 나만의 눈으로 그림을 보았다.

아까 끊어둔 커피 두 잔의 티켓을 안내석 젊은 직원에게 선물하고 미술관을 나왔다. 어른 공경하는 예절이 사라진 요즈음, 내 질문에 친절하게 대답해주고, 팸플릿을 거저 주었다. 전시 기간이 막바지에 이르렀으므로 쓸모없게 될 팸플릿 중 하나를 주었을지 모르지만, 공손한 태도를 칭찬해주고 싶었다.

코끼리 열차를 타고 편안하게 돌아갈까 생각했지만 왔던 길로 되돌아간다. 오는 길에서 보았던 쓸쓸한 나목, 그 벚나무를 다시 보고 싶었다. 허망을 주저리 달고 서 있는 나무가 아니라, 새파란 이파리가 불쑥불쑥 튀어나와 '스마일'을 외치고, 만개한 꽃들이 박산처럼 펑 터져서 무거운 나를 매달고 하늘 높이 날아가는 그림으로. 만화 같은 세상에 만화 같은 인생. 생각만 해도 유쾌한 오늘의 탈출.

하지만 다시 보는 벚나무는 섭리에 순응함으로써 이미 허망에서 탈출한 자유한 나무였다. 와더 근처의 더 큰 나무들처럼. 앙상한 뼈다귀 같은 고독은 허무가 아니라 도도한 순응이었다.

고작 찬바람 휘어가는 대공원 여기 나의 탈출. 순응으로써 자유하는 도저한 큰 나무들 앞에서 이리도 초라할 수 없다.

해거름 유희

자고 나서 베란다로 나오면 건넛집 유리창에 해가 붙어있다. 납작한 공 모양으로 붙어서 빛을 쏘는 그를 겨울 아침이면 일상이듯 본다. 그런데 오늘 아침은 구릿빛 머리채를 산발하고 나타나서 유리창을 마구 휘젓는다. 발작한 예술혼이 연출하는 행위예술을 보는 것 같다.

나는 꼭꼭 닫힌 베란다 창가에서 그 수선스런 해를 맞으며 아침을 연다. 찬바람이 무서워서 밖에 나가지 못하는 호흡기 때문이다. 쌩하니 코끝을 건드리는 신선한 새벽 공기, 차갑게 뺨에 닿는 겨울의 감촉. 허공에 날리는 첫눈의 달콤함. 짜릿한 자극들은 기억 속에서나 만날 수 있는 그리움이 된 지 오래다.

어느새가 흘린 땀방울에서 얻던 인생 최고의 기쁨은 떠나고,

격정적인 감동에서 오는 즐거움도 사라졌다. 이제 그들이 가고 없는 황량한 시간을 나 혼자 놀며, 참으며 보내야 한다. 오죽하면 건넛집 유리창에 붙은 아침 해일까. 만날 보는 화초를 새로 사귄 친구처럼 들여다보고, TV에서 노는 능청맞은 개구쟁이 짱구와 사랑에 빠져서 킬킬거린다.

낮이 긴 계절에는 화성 성곽 둘레에 남아있는 옛날 동네 골목길을 구경 다닌다. 다닥다닥 붙은 작은집 대문 옆에는 쓰다 버린 양은 세숫대야에 꽃이 피었고, 크고 작은 고무화분에서 상추와 고추 등이 자란다. 능소화가 담벼락을 넘어가고, 거침없이 볕을 받은 방아나무 보랏빛 꽃 송아리가 아리게 곱다. 누가 심었을까. 고향 집 울타리 옆에 무성하던 방아나무.

낮은 슬레이트 지붕에는 올망졸망 실내화 몇 켤레. 길가로 내놓은 셋방 문 앞엔 러닝셔츠 바람의 할머니 서너 분. 이들 골목 안 풍경과 함께하고 있으면 꾹꾹 눌렀던 정(情) 그리움이 울컥 쏟아진다. 가버린 날의 행복이 돌아와 입맞춤 한다.

모를 일이다. 들어갈 자리가 없어서 마루 귀퉁이에 죽친 철 지난 선풍기 같은 동네인데, 방아나무 아린 꽃은 녹슨 양철 대문 옆에서 피었는데, 그들이 어찌 그리움으로 피어나서 해거름 시린 가슴을 따습게 보듬는지.

책을 읽거나 영화를 본다. 시력이 나오지 않아 애를 쓰면서도 예전보다 더 읽고 싶고, 더 보고 싶다. 새로운 지식에 대한 욕구와 사고의 경직에서 벗어나려는 노력이지만, 나는 책과 영화를 통해서 얻는 환상을 좋아한다. "공중에서 번듯 하는 날카로운 비수와 같이 푸른빛이 있어 보이는 달." 그 달을 느껴보려고 얼음장 같은 밤중에 근처 공원으로 나간 것은 나도향님의 「그믐달」 때문이다. 영화 「노인과 바다」에 나오는 소년도 나의 환상 속에 있다. 바다로 나갔던 노인이 돌아오면 따뜻한 커피를 갖다 드리고, 야구 영웅 디마지오와 양키스 팀의 소식을 전해주는 소년. 장차 그도 노인처럼 망망한 바다에 나가서 불굴의 정신으로 한판 싸움을 벌일 것이다. 그러나 그 또한 노인처럼 생을 걸고 싸웠던 바다에서 끌고 돌아 온 것은 상어 떼에게 뜯기고 남은 거대한 물고기의 뼈다귀뿐일 것이다. 그리고 노인이 앉았던 의자에 앉아서 회심의 미소를 지으며 독백할 것이다. 노인이 그랬던 것처럼. "내가 졌어. 그런데 졌다고는 느껴지지 않아." 노인과 백발이 된 소년에게서 듣는 이 독백은, 인간의 진정한 자존심과 승리가 무엇인가를 가르쳐 주는 나의 영원한 환상이다.

음악을 들으면서 무료한 시간을 보내기도 한다. 클래식에 문외한이니 감상이라기보다 정서의 유희 같은 것이다. 그러나 잠 못 들어 뒤척이는 밤, 조용히 찾아와 쓸어주는 선율의 터치(touch). 울음 맺힌 하늘이 창가에 드리워진 날엔, 쓰디쓴 외로움을 더욱 쓴 외로움으로 안아서 달래주는 역설. 이러한 탁월성을 지닌 그를 좋아하지 않을 수 없다.

이렇게 늘어놓으니 유유자적 고상하게 시간을 만끽하는 자랑 같지만, 천만에. 들여다보면 오죽이나 구차한가. 사람에게는 사람과의 유희가 필요하다. 사람 속으로 들어가서 놀아야 한다. 친구들과 시시덕거리기고, 차 마시고, 밥 먹고, 시답잖은 소리도 하고. 때로는 자식 자랑, 손주 자랑, 옷 자랑도 살짝 하고. 하지만 나와 놀아줄 사람이 어디 그렇게 많은가. 초절정 과학의 힘이 인간수명을 획기적으로 늘려놓았다 하더라도, 그 시간을 의미 있게 보낼 재밋거리가 얼마나 있으며, 함께 놀아줄 사람이 있기나 할까. 설령 있다 해도 어디까지 누릴 수 있을까.

인생의 해거름은 유희가 절실한 때. 지금 나는 건넛집 유리창에서 부서지는 구릿빛 아침 해를 즐거워하고, 겨울 끝자락의 꽃 아자리아를 기뻐한다. 한낮에는 베란다 나의 카페 빨강 의자에 앉아서 뜨거운 커피를 즐길 것이다. 그러나 어떤 유희가 인간을 고독과 권태에서 구원할 수 있겠는가. 인생 최대의 과제는 외로움일 것이다.

흐르는 강물처럼

오월에는 어버이날과 내 생일이 엇비슷하게 겹친다. 올해는 겸사겸사 수안보 온천여행을 가기로 자식들끼리 의논이 된 모양이다. 아들의 전화를 받고 헤아려보니 그곳을 다녀온 지가 40년이 넘었다. 아득한 옛일 같다. 그보다 더 오래된 일도 어제 같은데 수안보의 기억은 흘러간 강물 끝자락에 가 있다.

결혼과 동시에 입대한 남편이 제대하고 돌아온 후, 비로소 서울에다 신혼살림을 차렸다. 바람막이 하나 없는 허허한 객지. 이제 막 군복을 벗은 전역병장. 고향을 떠나올 때 온갖 것을 근심하며 뱃머리에 서 계시던 어머니가 선하다.

거기서 새로운 친구를 만나고 부부동반 모임도 만들었다. 그중 몇몇 부부와는 각별하게 지냈다. 그분들과 수안보 온천여행을 한 것이 처음이다. 젊고 활기차고 패기 넘치는 좋은 시절이었다.

지나간 시절 어느 땐들 좋은 시절이 아니겠는가. 세상을 훨씬 더 몰랐던 그때는 삶이 좋은 시절의 연속일 것만 같았다. 그러나 삶은 녹록하지 않고 굴곡도 많다. 우리 중 한 친구는 대학에 갓 들어간 아들을 교통사고로 잃어버리고 그 충격에 정신을 놓아버렸다. 두 가정은 번창하던 사업이 무너져 미국으로, 일본으로 떠났으나 지금껏 소식을 알 길 없다. 평탄한 듯했던 나는 뜻밖에 홀로되어 아들을 따라 수원에서 살다가 대전 큰딸네 옆으로 와서 늙어간다. 생각하면 꿈인 듯, 지나온 길이 하룻길 같기도 하고 아득히 먼 길 같기도 하다.

내 집 바로 곁에는 수만 년을 흘러내린 갑천(甲川)이 벋어있다. 대둔산 골짜기에서 발원하여 금강으로 들어가는 일백 팔십여 리 큰 냇물이다. 강바닥을 보이던 집 앞 강물이 요즈음은 비 온 뒤라서 제법 웅웅하게 흐른다. 발을 맞추고 어깨를 맞춰서 행군하는 군중처럼 앞으로 앞으로 나아간다. 가다가 징검다리에 걸리면 하얗게 힘을 모아 솟구쳐 넘어가거나 몸을 오그려서 징검돌 사이로 빠져나간다. 강 가운데 섬처럼 버티고 있는 수풀 더미와 맞닥뜨릴 땐 쫓아오는 물살은 급하고 갈 길은 보이지 않아 두렵다. 콜타르처럼 끈끈하고 악마처럼 시커먼 폐수의 아가리에 끌려 들어가 생명이 결딴나는 아찔함이란. 하지만 몸을 찢어 두 갈래 세 갈래로 갈라지든, 악마의 머리채를 휘어

잡고 빠져나오든, 어떻게든 벗어나서 가던 길을 간다. 인생도 강물 같아서 수많은 시련과 아슬아슬한 위기를 넘으며 한 치 앞을 알 수 없는 길을 간다. 괴롭고 힘들지라도 그것이 옛날에도 그러했고 앞으로 그러할 자연의 길임에랴.

큰딸 내외와 동승하여 문경새재를 관광하고 약속 장소인 연풍 순교지에서(가톨릭 성지) 나머지 가족들을 만났다. 날씨가 한몫하여 성지는 더욱 고요하고 아늑하다. 확신하는 가치를 위해 목숨을 버린 위대한 신념. 그 숨결을 잠깐 호흡하고 수안보 온천마을로 들어왔다.

옛날을 떠올리며 여기저기 둘러보았지만 어디가 어딘지 모르겠다. 친구들과 즐겼던 온천장은 어디쯤이었을까. 감을 잡을 수가 없다. 풍경만 변했으랴. 나도 그때의 내가 아니다. 숙소에 짐을 풀고 부설 온천장에서 온천욕을 하기로 한다.

연년생인 딸들은 어느덧 풍만한 여인이 되어있다. 큰딸이 설렁설렁 등을 밀어준다. 저들이 어렸을 때 내가 그랬던 것처럼 목이며 팔, 옆구리까지 애정을 붙여 닦는다. 딸의 손길에 몸을 맡긴 편안함에 젖어 드니 문득 시들어진 호박꽃을 탯줄처럼 배꼽에 달고, 널따란 이파리 그늘에서 영글어 가던 씨방이 떠오른다. 나는 내가 늙어간다는 사실을 그다지 의식하지 못한 채 이만치 늙었다. 그러나 딸들이 나이 들어가는 모습은 가슴이 저리고 서글프다. 저들이 흘러가는 강물에는 푸른 하늘 흰 구름 떠가고, 산복숭아 꽃그늘 발그레 물들어 내리기를.

이래저래 저녁이 늦었다. 온천욕 효과인지 모두 상쾌한 기분으로 이곳 특산물인 꿩 요릿집으로 향한다.

아들이 옆에 앉아서 이것저것 음식을 권한다. 세 점밖에 올려놓지 않은 자연산 송이를 모두 집어다 내 앞접시에 놓아준다. 곰살 맞은 사람. 지금 내게 무슨 음식이 그다지 맛이 있을까. 따끈한 밥에 입에 맞는 반찬 한 가지면 족한 걸. 하늘재 산책로를 걸을 때도 "나는 갈만치 가다가 쉬고 있을 테니 너희들은 끝까지 다녀오너라." 약속하고 헤어졌는데, 언제 따라왔는지 내가 쉬고 있는 나무계단 저만치 바위 위에 앉아있지 않은가. 깜짝 놀랐다. 아버지가 계셨으면 아직도 막내티를 벗지 못했을 아들이 나를 걱정하고 보호하려 한다. 세월이 그냥 간 것만은 아니다. 하지만 그에게서 가버린 그 세월이, 철없이 어여뻤던 그 세월이, 내게는 온 세상이고 행복이고 희망이었던 것을.

숙소로 돌아오는 길에는 모처럼 저희끼리 한 차에 모여 타고 나는 아들 차 뒷좌석에 올랐다. 따로 나눌 은밀한 이야기가 있겠느냐마는, 마음에 담아두었던 몇 마디를 한다. 그러고는 둘 다 말이 없다. 아들은 이미 할 말을 다 했다. 내 곁에서 음식을 챙겨주고, 산책로 멀찍이서 따라왔던, 그 말 없는 말을. 나도 이미 다 알아들었다. 가슴이 터지도록 알아들었다. 말 없는 그 말을. 산다는 것은 수고와 노력과 책임이 따르고, 선택에 대하여는 대가를 치러야 하는 것. 아들의 마음을 어찌 모르랴.

거리의 휘황한 네온 불빛이 차 안까지 훤히 비춘다. 얼핏 아들 뒷머리에 희끗희끗 새치가 지나간다. 잘못 보았는가. 하지만 스포츠형으로 짧게 깎은 뒤통수에 흰머리가 빼꼼빼꼼 박혀 있다. 어느새 여기까지…. 먼 훗날이라 여겼던 이야기가 눈앞에 와있다. 아들도 그동안 흘러가고 있었던 것이다. 흐르는 강물처럼.

수안보의 기억이 강물 끝자락에 가 있는 것은, 돌아오지 못할 것에 대한 체념이리라.

일식 보던 날

2009년 7월 22일 수요일. 오전 9시경부터 13시 사이, 61년 만에 육안으로 볼 수 있는 개기일식이 진행된다고 한다. 지구에 달그림자가 드리워지는 지역에서 태양이 사라지는 광경을 볼 수 있다. 이번 달그림자의 진행경로는 인도에서 시작하여 네팔, 부탄, 방글라데시를 거쳐 중국을 가로지르며 일어난다고 한다. 우리나라는 태양이 달그림자에 완전히 가려지는 현상을 볼 수 있는 지역이 아니라서 부분일식을 본다. 그러나 1997년 이후 해의 가장 많은 부분이 가려지는 일식이다. 다음번 관찰할 수 있는 개기일식은 2035년 9월 2일이라고 한다. 이 뉴스를 들은 날부터 나는 흥분했고, 기다렸다.

'개기일식은 1시간 15분 동안 아주 조금씩 진행되어 달이 태양을 지워버린다. 태양이 사라지고, 밝고 푸른 하늘이 사라지고, 기온이 떨어지고, 암흑이 깔리고 별이 나타난다. 달은 태양을 완전히 지워버린다. 그다음에 태양 크기 2배 정도 되는 하얀 코로나가 어두운 달을 둘러싸고 있는 것을 볼 수 있다. 전반적인 풍경은 만월 때와 흡사하다.' 인터넷에서 따 온 글이다. 얼마나 환상적인 광경인가. 이 장관을 보기 위해 마니아들은 설레는 마음으로 관측 여행을 떠났다. 우리나라 마니아들도 중국의 특정 지역에서 개기일식을 관측할 수 있다 하여 그쪽으로 많이 갔다고 들었다.

개기일식 소식을 듣고 내가 흥분한 것은 마니아들과는 다르다. 이번에 못 보면 다시 볼 수 없다는 시간적 계산 때문이다. 나는 앞으로 25년을 더 살 자신이 없다. 비록 부분일식으로 만족해야 하지만 흥분했고, 별렀고, 사명처럼 각오를 다졌다.

드디어 D-day. 선글라스를 끼고, 푸른색 셀로판지를 준비하여 집 근처 공원으로 갔다. 그래도 눈을 다칠까 걱정되어서 큰 소나무 그늘에 들어가 해를 본다. 절대불변 둥글다고 생각했던 해가 휘어진 반달 모양을 하고 있다. 광채가 부셔서 쳐다보지도 못하던 우주의 지존이 내 눈앞에 망가져 있는 것이다. 와! 난생처음 보는 충격적인 태양. 지식으로만 알던 현상을 직접 보니 놀랍다.

중학생 두 명이 셀로판지에 눈을 대고 열심히 관찰하며 핸드폰으로 사진을 찍는다. 저들이나 나나 관측망원경은 고사하고 흔해빠진 디카도(digital camera) 없으면서 기대만 잔뜩 부풀어있다. 공원으로 지나다니는 사람들과 바람 쐬러 나온 사람들이 있지만 별로 관심이 없는 듯하다. 살기에 바쁘고, 근심거리도 많으며, 화급한 일도 많은 세상에 천지개벽이나 일어난다면 모를까 상식이 돼버린 이깟 일에 관심이 없는 것은 당연하다.

해는 금방금방 줄어들지 않는다. 기대감을 충족시키고 싶은 급한 마음 같아서는 반달이 되고, 그믐달이 되고, 확 사라져 깜깜한 천지가 되었다가 다시 실눈 같이 나타나기 시작하여 깜짝 대낮이 되어야 스릴 만점, 박진감을 느낄 텐데 그래 주질 않는다. 그렇게 되지 않는다는 사실을 알고 있으면서도 내가 어른인 것도 잊어버리고 학생들과 어울려 셀로판지를 교환해서 보고, 찍힌 사진을 들여다보기도 하며 조급증을 숨긴다. 나와는 달리 학생들은 계속 핸드폰으로 사진을 찍으며 흥미진진하게 관찰한다. 아직도 내 안에 아이 같은 호기심이 남아있다 할지라도 '경이로움에 대한 선망과 미지에의 탐구심'에서는 저들을 쫓아갈 수 없는 구물이다. 저들은 우주 시대의 주역답게 세밀한 관찰을, 나는 구경에 마음이 가 있다.

육안으로는 변화를 느낄 수 없는 상태가 지속하였다. 그 틈에 공원 바로 앞 내과로 달려갔다. 자리를 뜬 사이에 기이한 구경이 나타날까 염려도 됐지만, 평소 딸처럼 친절하게 대해주는 의사에게 일식이 진행 중이라고 알려주고 싶었다. 벌써 알고 있을 것이지만 진료하기 바빠서 그런 일에 관심 쓸 수 없을 것이고, 결정적으로 젊었기 때문에 다음 기회가 또 있다. 하지만 누가 알랴. 틈틈이 창밖으로 보았으면 했다.

일식 소식을 전했더니 알고 있다는 내색은 하지 않고 간호사를 시켜 못 쓰는 X레이 필름을 가져오게 했다. 그리고 넓적한 내 얼굴 눈에 맞게 필름을 잘라주었다.

"이것으로 보면 훨씬 편할 것입니다."

빳빳한 필름을 대고 보니 셀로판지로 볼 때보다 편하고 잘 보인다. 눈 걱정 안 해도 될 것 같아서 나무 밑에서 나왔다. 학생이 내 필름을 빌려서 핸드폰에다 대고선 사진 찍는데 열을 올린다. 명확하게 찍힌 사진을 저장하려는 것이다. 달라고만 하지 않으면 계속 필름으로 관찰하고 싶은 눈치다. 그러나 그만 보게 하고 아기를 유모차에 태우고 친정어머니와 산책 나온 색시에게 필름을 넘겨주었다. 색시는 신기한 광경에 감탄사를 연발한다. 한참을 그러고 있으니까 친정어머니가 빼앗아서 눈에다 대고 하늘을 본다. 친정어머니 감탄사는 딸보다 더 화려하다. 그러면서 필름을 눈에서 떼지 못한다. 아기 엄마가 묻는다.

"아기에게 보여주면 안 되겠지요."

나는 고개를 흔들었다. 그럴 수 없는 것이 안타까운지 "너는 앞으로 볼 기회가 있으니 오늘은 참아라. 엄마는 많이 볼란다."

빰에다가 '쪽' 애정 표시를 한다. 친정어머니도 덩달아 "너희 오빠도 보고 있는지 모르겠다." 직장에 있을 아들 생각을 한다. 엄마의 영원한 환상, 아들.

필름은 어머니 손에서 딸의 손으로, 나에게서 학생으로 돌아다녔다. 그러는 중, 학생이 내게로 급히 와서 "해가 변했어요." 하며 필름을 준다. 눈에 대고 보는 순간, 와! 볼록한 등을 아래로 기울인 그믐달 모양을 하고 있지 않은가. 해의 위치와 형태가 확연히 달라졌다. 햇빛도 약간 수그러졌다. 손발을 모으고 자궁에 기대어 웅크린 여린 태아 같다. 그 애처로운 지존을 폐기된 필름이 도장처럼 찍어서 내 눈에다 올려놓아 준다. 감탄. 감탄. 필름 조각이 이런 위력을 발휘하다니. 나는 무정하게도 태아처럼 돼버린 지존을 기뻐했다. 내게 지존과 같은 존재도, 망가지면 좋겠다고 앙심 품은 누구도 없는데 망가진 지존이 즐겁다.

그러나 기대했던 일식의 절정은 이 정도 전율이 아니다. 태양이 저만큼 결딴났으면 깜깜해야 한다. 몸의 8할 정도가 결딴났는데 꺾이지 않고 여전히 등등하다는 것은 말도 안 된다. 아마 오늘 우리나라에서 볼 수 있는 가장 작은 태양일 것이다. 별은 뜨지 않더라도 어둑한 저녁 같이는 돼줘야지. 그래야 깜짝 환호성을 지르며 짜릿한 흥분을 맛보지. 그래야 설레며 기다린 보람이 있지. 나는 좀 실망했다. 내가 쥐고 있던 일식에의 기대는 결국 '환상이 빌려준 것'에 불과했다. 하지만 환상이 빌려준 며칠은 그 어느 날보다 나를 탄력 있게 만들었다.

그래도 일식의 절정이다. 아무 때나 볼 수 있는 태양이 아니다. 나는 공원에 나와 있는 사람들과 지나다니는 몇몇 사람을 불러 세워 보여주었다. 그러다가 문득 우리 동네 구멍가게 아저씨 생각이 났다. 코앞에 대형 마트가 있지만, 그곳에서 살 수 없는 일용품이 여기에는 있다. 늘 쓰는 것은 아니지만 꼭 필요할 때가 있는 물건들. 뉴슈가, 고무줄, 됫병 소주, 저고리 동정 등등. 그뿐 아니라 대형 마트가 할 수 없는 생활의 세밀한 부분을 담당한다. 달려가 보니 오늘따라 문이 닫혔다. 지난해 허리 병 나서 입원할 때 말고는 문 닫은 적이 없었는데.

내친김에 어린이집 시멘트 담벼락 밑에서 농사지은 작물을 내다 파는 두 아주머니에게로 갔다. 이 아주머니들 덕에 갓 뽑아온 열무며, 가지, 풋고추, 토마토의 싱그러운 흙냄새를 맡는다. 정해진 양을 포장해 놓은 마트의 채소는 울며 겨자 먹기로 사야 할 경우도 있지만, 여기서는 적은 양도 살 수 있고, 가진 돈만큼도 살 수 있다. 돈과 돈이 부딪치는 살벌한 장이 아니라 사람과 사람이 나누는 장이다. 아침 일을 대강 마치고 나온 동네 아주머니들이 모여서 놀 겸, 수다도 떨 겸, 고구마 줄기를 벗겨주고 있다. 생활 아래 깔린 이런 풍경들은 오염된 강물을 정화하는 강바닥 수초와 같은 것이리라.

일식 얘기를 했더니 아주머니 예닐곱 명이 우르르 일어나서 차례로 본다. 그중에 제일 관심이 많은 사람은 시어머니가 캔 민들레라며 사라고 권했던 젊은이다. 알고는 있었지만 준비물이 없어서 보지 못했다는 아주머니와 나이 많은 할머니 한 분은 보고 또 본다. 할머니도 나와 비슷한 생각을 하며 보았을 것이다. 담벼락 장터에서의 일식 보시(布施)는 그만큼에서 끝내고, 우리 아파트 경비아저씨에게 보여주어야 한다. 그런데 끝까지 보아야 한다며 신신당부했던 색시 엄마가 떠올랐다.

공원으로 돌아가다가 부근 초등학교 운동장에 아이들이 웅성거리고 있어서 들어가 봤다. 어느 아이가 관측망원경을 세워놓고 보고 있다. 주위에 모여든 다른 아이들은 부러운 듯이 지켜보며 혹시나 기회가 주어질까 바라는 표정이다. 나는 필름을 돌려 차례로 보게 했다. 아이들의 반응은 아이들답게 제각각이다. 어느 녀석은 다음 차례에 빨리 넘겨주지 않아서 재촉을 받았다. 그런 중에 한 녀석이 불쑥 나타나서 "그것이 뭐예요?" 묻는다.

"병원에서 쓰는 X레이 필름이란다."

"아아, 우리 엄마가 치과 의사예요. 치과 의사요. 그거 우리 병원에 많아요."

하찮은 것이라는 듯 거드름을 피우며 자기 엄마가 의사라는 대목에 힘을 준다. 그러고는 휙 가버린다.

"짜샤, 너희 엄마가 의사면 뭐하냐. 필름도 챙겨주지 않았잖냐."

그렇게 필름쪼가리 하나 들고 실속 없이 뛰어다니는 동안, 일식은 종료되어 원상으로 돌아왔고, 일식 보기도 끝났다. 마지막까지 보고 난 색시 엄마는 해피엔딩 영화를 본 것처럼 만족해한다. 오늘 일식 보기 공로자는 단연 못 쓰는 X레이 필름 조각이다. 그 하찮은 것으로 많은 사람이 우주의 신비한 현상을 구경했고, 즐거워했다. 세상에 쓸모없는 것은 없다.

나에게

외롭다고 아우성치지 마라
너는 누구의 외로움을 들여다 본 적 있느냐
가슴 깊은 곳 한 자락 베어 눈물 닦아준 적 있느냐
그러니 외롭다고 아우성치지 마라

네 상처가 아프냐
뜨거운 쇳물 들이부은 가슴도 있다
이 세상 어느 가슴에 너만한 상처가 없더냐
너만한 아픔이 없더냐

바람이 울며가는 것은 이 산 저 산 하 많은 사연 때문이고
햇살이 반짝이는 것은 닦지 못한 눈물 때문이다

그러니
외롭다고 아우성치지 마라
아프다고 응석부리지 마라.

봄 한때

떨어진 철쭉꽃 한 송이 주워
머리에 꽂았네
꽃을 꽂았다고 꽃이 되랴만
꽃인 양 즐거워라

낙화도 꽃이라 하신 이
누구셨던가
쓸지 마라 하신 그 말씀
이리도 절절한 봄 한때

떨어진 철쭉꽃 주워 꽂고
꽃인 양 즐거워라.

4.
지금은 누려야할 때

구름은 흐르고

이틀을 바람이 불고 비가 내리치더니 오늘은 온화하다. 날씨 덕에 산과 들과 나무와 풀, 하늘까지 말갛게 씻겼다. 수목원 입구에 늘어선 이팝나무 가로수 꽃이 지금 막 뻥튀기에서 튀겨 나온 박산처럼 하얗다.

내 집에서 나와 전철로 10분 거리 '물향기수목원'. 집에 있기 너무 아까운 날씨라서 동무 부를 겨를 없이 혼자 왔다. 공원은 자연형태를 유지하면서 우리 나무, 우리 야생화를 많이 기른다.

여러 갈래 안내 표지판이 관람 구간을 가리킨다. 습지생태원 쪽을 택했다. 철쭉과 영산홍은 져버렸고, 지나는 길 곳곳에 보라색 붓꽃이 지천이다. 부레옥잠도 있고, 파드득나물도 있고, 며느리밥풀꽃도 있고. 축축한 습지 냄새가 화제(和劑)를 쓰시는 아버지 옆에서 벼루를 갈아드릴 때 나던 먹물 냄새 같다. 김소

월, 윤동주, 신석중, 홍사용. 오석에 새긴 여러 시인의 시가 회양목 울타리에 둘려있다.

> 여기저기서 단풍잎 같은 슬픈 가을이 뚝뚝 떨어진다. 단풍잎 떨어져 나온 자리마다 봄을 마련해놓고 나뭇가지 우에 하늘이 펼쳐있다. - 윤동주 「소년」 일절

> 아아! 뒷동산 장군바위에서 날마다 자고 가는 뜬구름은 얼마나 많이 왕의 눈물을 싣고 갔는지요.
> - 홍사용 「나는 왕이로소이다」 일절

시정이 가슴으로 파고든다. 단풍잎 떨어져 나온 자리에서 봄을 보는 청년 윤동주는 일제의 발굽에 짓밟혀 스물일곱 나이에 펴보지도 못하고 순절하고 말았다. 자고 가는 뜬구름에다 날마다 눈물을 실어 보낸 눈물 왕 홍사용도 가고 없다. 소년이 그리워하던 사랑처럼 슬픈 얼굴 순이도(소년), 시왕전(十王殿)에서도 쫓겨난 눈물 왕의 어머니도(나는 왕이로소이다) 광복된 조국이 아니었을까.

익히 알려진 시를 읽으며 천천히 발걸음을 옮겨놓다가 한 시비 앞에서 깜짝 멈춰 섰다. '백두산 벋어나려 반도 삼천리/ 무궁화 이 강산에 역사 반만년/ 대대로 이어 사는 우리 삼천만.' 해방된 이듬해 초등학교에 입학하고서 고무줄뛰기를 하며 불렀

던 노래다. 흰 머리 성성한 오늘까지 유희요(遊戱謠)로 알았던 것이 민족혼이 서린 시비로 서 있다. 이제 와 감회가 아픈 것은, 그때만 해도 백두대간의 허리가 오늘처럼 여지없이 동강나지 않았다는 사실이다. 나라 잃은 한을 품고 분루를 삼켰던 시인도, 해방의 감격을 노래했던 시인도, 스쳐 간 바람처럼 자취 없고, 한 조각 돌판에 시만 남았다.

문득 올려다본 하늘에 이팝꽃 구름이 여기저기 떠 있다. 하늘 끝이 보일 것 같은 가시거리. 쏘는 듯한 햇살. 그야말로 창공. 군데군데 떠 있던 작은 구름이 서서히 모여들어 한 덩어리가 된다. 덩어리로 된 구름 가장자리는 여전히 하얀데, 가운데는 잿빛으로 물이 든다. 그렇게 된 구름 덩어리가 아주 천천히 이동한다. 저걸 어른들은 비를 싣고 다니는 구름이라 했다. 구름이 물방울을 실었다면 과거를 싣고 다닌다는 말이 된다. 그런가 하면 미래를 실었다는 말이기도 하다. 과거와 미래와 현재가 공존하는 구름. 그사이 또 작은 구름이 능선 위로 올라온다. 그리고 모여서 변화무쌍한 그림을 만들어 어디론가 서서히 가고 있다.

그렇게 작은 구름은 자꾸 사라진다. 그렇다고 완전히 없어진 것이 아니다. 내 눈에서만 떠났을 뿐, 큰 구름 덩어리 안에 그대로 흡수되어있다. 구름 덩어리가 풀어진다 해도 없어지는 것이 아니다. 비가 되고, 눈이 되고, 살 고운 는개도 되고. 이슬이 되고, 서리가 되고, 우박이 되고. 그리하여 초목을 기르고, 꽃을 피우고, 열매를 살찌우고. 그리하여 다시 구름이 되어 동산 위로 떠오르고, 한 덩어리가 되고, 또 어디론가 떠나고.

나는 아파트 창 너머 좁은 공간에 떠 있는 구름을 하염없이 보고 있을 때가 많다. 그럴 땐 내가 죽으면 바람이나 구름이 되었으면 좋겠다는 막연한 생각을 한다. 아마 뜻대로 살지 못한 데 대한 미련이 남아있고, 지금의 생활이 답답하기 때문일 것이다. 한이란 말도 그래서 생겨난 것일 거다. 나만 그런 것이 아니고 다른 어떤 이도 당신이 죽으면 구름이 되어 훨훨 떠돌아다니고 싶다 했다. 거칠 것 없는 넓은 바다가 되어 넘실넘실 흘러 다니고 싶다 했다. 무엇엔가 얽매여서 뜻대로 되지 않는 인생사, 채워지지 않는 욕망, 그에 대한 미련과 원망이 쌓여 한이 되는 것이리라.

큰언니는 어머니를 한이 많은 여자라 했다. 젊은 나이에 남편을 보내고, 생때같은 큰아들과 딸 하나를 앞세운 어머니. 친구가 권하는 위로주를 마시고 축담에 앉아 가슴을 뜯던 어머니를 언니는 한이 많은 울어매라 했다. 그런 언니 당신도 한이 많은 여자라 했다.

사람이 죽지 않고 영원히 살 수 있다면 한이란 말이 생겨나지 않았을까. 실패를 만회하고, 잘못을 만회하고, 이루지 못한 꿈을 이루고. 그럴 기회가 열려있는 영원이 인간에게 주어졌더라면 한이란 말이 생기지 않았을까.

생각해 보면, 나 한 개체는 없어진다 해도 인간 존재로서는 영원할 것 같다. 작은 구름이 큰 구름에 흡수되어 없어지지만, 그것은 사라진 것이 아니라 큰 구름의 요소로 남아있듯이, 인간 개체는 사라져도 인간이란 큰 덩어리 안의 유기체로 남게 되는 것이다. 큰 덩어리에 흡수되어 없어진 작은 구름이 비도 되고, 눈도 되고, 이슬도 되어 만물을 기르듯이, 인간이라는 큰 덩어리에 흡수된 개체는 정신으로, 사상으로, 문화로, 전통으로 남아서 사람을 기르는 것이다. 인생은 그렇게 이어지고 삶은 계속된다. 그러고 보면 영원이란 시간이 우리에게 주어져 있는 것이 아니랴. 원도 한도 만회할 기회가 주어져 있는 것이 아니랴.

그리하여 한 많은 울어매도, 선인들이 흘렸던 분루도, 동강 난 백두대간의 아픔도, 언젠가는 찬란한 무지개로 떠오르는 날이 있을 것이다. 아, 그리 생각하면 이 한 세상 한이랄 것도 없다.

생각이 그리로 이르니 짓누르던 응어리가 풀어진 듯 가볍다. 오늘처럼 하늘이 좋고, 햇살이 좋고, 바람이 좋은 날엔, 나같이 우매한 사람도 뜬구름이 되어 흐르기도 하는 모양이다. 그래. 지금도, 내 어느 그날에도, 활짝 핀 이팝꽃 구름처럼 가볍게 떠가리라.

서운한 마음

김시헌 선생님께서 창작수필에 실린 내 글 「정향만리」를 읽고 엽서를 보내주셨다. 스승이 제자의 독자가 되어 보내신 것이다. '그렇게 써놓으신 글을 읽으니 정향이 그만큼 중요하다는 생각이 납니다.'라는 말씀과 함께 끝머리에 '만날 날이 또 있을 것입니다.'라고 적으셨다.

정향만리는 선생님의 수필 「일장춘몽」을 읽은 감동을 안고, 수리산 기슭 댁으로 찾아가 뵙고 돌아와서 쓴 글이다.

그날 헤어질 때, "기회 되면 또 봅시다."라고 하셨다. 그 말씀이 왠지 아득하게 들렸다. 선생님 연세 높으시지만 나 또한 보장할 수 없는 나이. 인생의 한계에 대한 막연함이었다. 그때의 심경을 '기회 되면 또…. 마음이 아득하다'라고 썼더니 '만날 날이 또 있을 것입니다.'라고 위로하신 듯했다.

엽서를 받은 것을 마지막으로 다시 뵐 기회를 얻지 못했다. 그간 몇 차례 전화로 안부 여쭈었으나 받으시는 분이 문병을 어렵게 여기는 듯해서 찾아뵙지 못했다. 선생님의 부음을 들은 것은 인터넷 어느 홈페이지에 실린 글을 통해서였다.

이제 뵐 기회가 정말로 아득해졌다. 수리산 기슭 거기에 늘 계시겠거니 생각했던 선생님. '사람들은 영원히 살기를 희망한다. 그러나 생각해보면 이미 사람은 영원 속에 살고 있다. 허공에서 나와서 허공과 더불어 살다가 허공으로 들어간다.' 선생님의 수필 「허공」의 일절이다. 생전에 그러셨듯이 지금 광활한 허공 어디에 계시는 것일까.

먼 산등성이
불현듯
한 점 구름 떠오르듯이

메마른 광장
홀연히
한 점 바람 일듯이

문득
선생님 생각나면

서운하다.

방충망의 매미

뇌성 번개에 놀라 잠이 깨었다. 시곗바늘이 새벽 세 시를 지난다. 창밖이 대낮처럼 훤해지고 나면 곧장 하늘이 무너지는 굉음이 내리친다. 그러고는 줄기차게 비가 내리 퍼붓는다. 무섭다. 전기 플러그를 뽑아야 한다는 상식이 머리에서만 맴돌 뿐, 손을 댈 수가 없다. '이대로 벼락을 맞아 죽는 것이 아닐까.' '벼락을 맞아 죽었다는 소리는 듣지 말아야지.'

공포에 질려 날밤을 새우고 아침을 맞았다. 뇌성 번개는 멈췄지만 집중호우 현상은 계속된다. 그 현상이 짧게 짧게 지나가서 다행이지 조금만 더 길었어도 물난리가 났을 것이다.

베란다로 나가서 바깥을 살핀다. 기르는 화초도 살펴본다. 그들도 두려웠으리라. 생명 가진 존재 어느 것인들 죽음에 대한 본능적 공포에서 태연할 수 있을까.

그 난리 통에 어떻게 날아왔는지 관음죽 화분 뒤 방충망에 매미 한 마리가 붙어있다. 꽤 큰 놈이다. 날개를 펴서 시커먼 몸을 덮고 있다. 망사처럼 얇은 날개로 몸을 감싸서 밤새도록 폭우를 견뎌낸 모양이다. 힘이 진했는지 꼼짝도 못 하고 소리도 내지 못한다. 겨우 앞발 한 짝을 보일 듯 말 듯 내밀고서 필사적으로 방충망을 붙잡고 있다. 생명에의 의지가 그대로 전해온다. 뒤 집 추녀 밑에라도 들어가서 몸을 피할 것이지 하필이면 비가 들이치는 내 집 방충망이라니.

베란다 방충망에 매미가 찾아오는 지가 올해로 8년째다. 일 년에 꼭 한 번, 그 방충망, 그 자리에 한 마리가 온다. 언제 왔는지 모르게 와서는 한나절을 머물다가, 혹은 밤을 지나 새벽 어느 사이에 사라지곤 한다. 어느 해는 울어서 자신을 알리고, 어느 해는 벙어리가 되어 울지도 못하고 내가 발견해 주기를 기다린다.

처음에는 어떤 멍청한 녀석이 베란다의 푸른 잎사귀에 속아서 날아들었겠지 생각하며 별 관심 두지 않았다. 그러다가 매미의 출현이 해를 거듭하니 터무니없는 상상을 한다. 혹시 처음에 왔던 그 매미가 해마다 다시 찾아오는 것이 아닐까.

생물은 기억유전자란 것이 있어서 조상의 몸에 밴 몸의 기억이 후대에도 전해진다고 한다. 그래서 후천적으로 학습되지 않은 것도 본능적으로 기억해낸다고 한다. 그러니 우리 집에 오는 매미도 기억유전자에 의한 것일 것이다. 저의 8대조 할아버지가 깊은 암흑에서 깨어나 다섯 번째 탈피를 마친 어느 여름날, 젖은 몸을 이끌고 처음으로 몸을 말린 곳이 내 집 방충망일 수 있다. 그래 그들의 기억유전자에는 탈피가 끝나면 내 집 방충망으로 가서 몸을 말려야 살 수 있다는 생존법이 입력되어 있는 것이다.

쏴 바람 몰려오는 소리를 내며 비가 또 쏟아진다. 매미는 몰아치는 비를 꼼짝없이 맞고 있다. 방충 문이 붙박이처럼 박혀서 어떻게 해줄 수가 없다. 그런데도 자리에서 떠나지지 않는다. 나도 모르게 부동자세가 되어 매미를 보고 있다. 나만 보고 있는 것이 아니라 매미도 나를 보고 있다. 뼛속까지 후려치는 폭우를 맞으며 밤새도록 떨었을 고통은 내색하지 않고, 온몸으로 나를 쳐다본다. 그런 매미를 보고 있으니 마음이 아련해진다. 혹시 생시에 나와 인연이 깊었던 어떤 영혼이 환생하여 나를 찾아온 것이 아닐까. 그리하여 열흘 정도의 짧은 생애 일정에서 꼭 어젯밤이 아니면 아니 되어서 험난한 밤을 뚫고 날아와 사력을 다해 기다린 것일까. 그렇지 않고서야…. 8년이란 시간과 어젯밤 악천후가 자연현상 이상의 의미로 확대되면서 매미가 서서히 설화적 이미지로 다가온다.

그날, 매미가 울어대는 말복 무렵. 일기로는 쾌청한 밤이었지만 뇌성 번개가 치고 폭우가 쏟아졌다. 무서웠다. 119구급대가 오고, 응급실로 달려가고, 모르핀을 주사하고. 붙잡은 손은 여전히 따뜻한데 느닷없이 하얀 홑이불이 씌워졌다. 그리고 잠깐 사이, 침상이 끌려들어 간 육중한 철제굴(鐵製屈)에 철커덕 자물쇠가 채워졌다.

생과 사의 단절은 찰나였다. 사람 한 생애의 종료도 찰나였다. 그러나 살려야 한다는 열망 하나로 그 모든 과정을 지켜야 했던 내게는 피가 마르고 뼈가 삭는 길고도 긴 공포의 시간이었다.

환생이라니.

그토록 허망하게 가버린 사람을 부둥켜안고 이 스무 해를 사는 동안, 허탈과 외로움에 지친 나의 내면 밑바닥에 설화 같은 만남이라도 갖고 싶은 그리움이 쌓였던가. 못다 살고 간 목숨이 한스러워 맺힌 절절함이었던가. 아니면 내 몸의 기억 어디에 그렇게라도 삶과 죽음의 완충지대를 만들어 놓고 죽음과 화해하고자 했던 먼 조상들의 사는 법이 전해져 있었던가. 온몸으로 쳐다보는 매미와 마주하고 있는 동안 가슴이 먹먹했다.

아리기까지 했던 그 순간의 심경이 거짓 없는 고백이라 할지라도, 인류문명은 생물의 DNA를 분석해내고, 우주의 탄생과 기원을 밝히는 데까지 근접해 있다. 그 먹먹함이 그리움의 소치이든, 절절한 한이든, 조상으로부터 입력된 몸의 기억이든, 현대를 사는 사람으로서 상식 밖의 몰입이다. 그러나 우리의 누구는 환생을, 누구는 부활을, 누구는 무당의 굿거리를 거부할 수 없는 위안으로 붙잡는다. 인간은 그렇게라도 유한한 생명을 영원에 잇대어놓고, 죽음의 공포와 슬픔에서 구원받고 싶은 연약한 존재이기 때문이리라.

내가 그를 보낸 충격에 뜯겨 생의 밑바닥에 기진해있을 때, 입술을 축여주고 호흡을 불어 넣어준 것은 칼날 같은 이성이 아니라 보지 못한 천국이었다. 슬픔과 애통함과 아픔이 없으며, 죽음이 다시 없는 천국. 그곳에서 고통의 옷을 벗어버리고 새 옷으로 갈아입고 있을 그이를 그려보면 위로가 되었다. 그와 내가 잠시 다른 공간에 있을 뿐, 다시 만날 수 있다는 희망으로 눈물을 닦을 수 있었다.

우리 누구도 죽음에서 벗어날 수 없는 유한적 존재. 그 두려움과 슬픔을 어루만지는 궁극적인 위로는 인간 이성 너머에 있는 어떤 영역이 아닐는지. 지식과 경험과 지혜로는 닿을 수 없는.

두 손을 비벼서 따뜻하게 열을 내어 매미의 가슴에다 갖다

댄다. 놀라는 기색도, 미동도 없다. 이성이 총총한데 목젖이 아프고 아래턱이 죄여온다.

이윽고 손을 떼니 내놓지 못했던 앞발 한 짝을 마저 내어 편안한 자세로 벋고 있다. 내게 무슨 증표를 보이는 것처럼.

잘 가요. 안녕. 안녕히.

작은 새는 떨어지고

- 故 고창배 목사님을 기리며 -

작은 새가 떨어졌다.

휘영청 밝은 달. 눈 덮인 첩첩산중. 시리다 못해 푸르기까지 한 계곡에 작은 새가 떨어졌다. 떨어져 잠든 새의 모습이 평화롭다. 집착의 몸부림도, 고통의 상흔도 없는, 자연에로의 환원(還元)이다.

수원은 쾌청했지만 홍천에는 눈이 내린다는 보도다. 이제 막 단풍이 물들기 시작한 초가을인데 느닷없이 눈이 내린다는 소식이다. 사모님이 산행을 걱정했으나 목사님은 가기로 마음먹은 날이니 다녀오겠다며 홍천 산행을 감행했다. 그럴 땐 잠시 꺾여주었으면 좋았을 것을. 악산이었지만 늘 다니던 산이고 동행 없이도 훤히 아는 산길이었다.

별일 없겠거니 보내고 떠난 새벽길. 그러나 폭설로 변한 눈 때문인지 돌아올 시간에 돌아오지 못했다.

직감적으로 교회 청장년들이 구조대를 구성하여 떠났다. 해는 기울고 곧이어 어둠이 찾아왔다. 그 사이 여선교회 회원들은 뜨거운 국을 준비하고 밥을 지어서 뒤쫓아 갔다. 밤새도록 수색할 사람들을 구완하기 위해서다.

현지 경찰과 산악구조대와 교회 청장년들이 조를 짜서 눈 산을 수색했다. 사람 발자국도, 짐승 발자국도 하나 없는 요요한 설산. 청정 달빛만이 숨 막히게 밝았다. 급박한 사정이 아니었더라면, 전율할 서정에 호흡이 멈췄으리라. 천행으로 한 줄 발자국을 발견했다. 발자국을 따라서 간 계곡에 목사님이 잠들어 있었다. 한 점 흐트러짐 없이 누워있는 모습. 죽음이 아니라 본디부터 거기에 있었던 자연의 하나였다.

그는 작은 새였다. 독기 어린 눈을 부라리며 먹이를 찢는 맹금류도 아니고, 하늘을 선회하며 노리다가 약한 놈을 낚아채는 발톱 억센 새도 아니었다. 남의 둥지에다 알을 낳고 기다렸다가 달고 가는 요령 좋은 새도 못되었다. 주어진 만큼의 몫으로 만족했고, 그 몫을 아껴 나누어주는 작은 새이기를 스스로 소망했다.

그의 기도는 간단명료했다.

"주여, 사심 없이 가르치게 하소서."

나는 서울서 이곳으로 이사 와서 '사심 없이' 이 한결같은 기도에 감동했다. 그 한 절의 기도 안에서 목사님의 인격과 목회관을 엿볼 수 있었다. 그의 기도는 내게 신선한 양심으로 울려왔다. 동시에 하나님 앞에 드리는 목회자의 굳은 약속으로 들렸다. 반년 동안 그 기도를 들으며, 설교에 감동하며, 그러다가 교회에 등록했다.

수원시 권선동 좁은 골목길 귀퉁이, 그것도 네모반듯한 땅도 아닌 각진 부지 70여 평에 세운 교회당. 남의 밭에다 비닐을 치고 처음으로 개척한 이후, 이곳에 교회당을 세우기까지 온갖 시련을 겪었다고 들었다. 지금의 교회 터를 매입할 당시에도 몇몇 사람들은 더 큰 땅을 사서 교회당을 짓자고 했지만, 교인들에게 빚을 지게 할 수 없다는 마음과 하나님은 크고 보기 좋은 건물 안에 계시는 분이 아니란 신념으로 흔들리지 않았다고 한다.

그는 큰 교회당, 많은 신도를 목표로 삼지 않았다. 작은 교회일지라도 하나님을 믿으면 하나님 말씀대로 살아야 한다는 당신의 목회철학대로 이끌어가기를 원했다.

"예수를 믿는다면 예수처럼 살아라."

이것이 설교의 변함없는 핵심이었다.

그러나 급속도로 달리는 시대의 변화와 요구에 따라 교회당 이전을 생각하지 않을 수 없었다. 15여 년 전에 지은 작은 건물이라서 주차장이 없었다. 시급한 필요와 이런저런 계기가 합쳐져서 애초 계획보다 빠르게 다른 장소에다 교회당을 신축하게 되었다. 많은 어려운 고비를 넘기고 입당한 지 2년 남짓 만에 목사님이 불의의 사고를 당한 것이다.

그는 교회당 신축과정에서 건축을 위한 특별기도회를 열거나 헌금을 강요하는 설교를 하지 않았다. 소위 부흥 집회란 것을 열어서 성도의 감정을 고취하고, 그것을 재정을 조성하는 매개체로 유도하는 일이 없었다. 그분은 어떤 경우에도 세속적 목적을 달성하기 위한 수단으로 하나님을 앞세우지 않았다. 어느 부자 교인의 거액 헌금보다 성도의 작은 정성이 모이기를 희망했으며, 모자라는 재정은 시간을 두고 해결해 나가는 방침으로 교인들을 편안하게 하였다. 그러나 수장으로서 지고 가야 할 짐이 무거웠으리라. 그날도 하나님께 아뢸 은밀한 아픔과 성도들을 위한 중보기도를 가지고 조용한 처소를 찾아 산행한 것이 아니었을는지.

목사님의 가르침을 받은 지 어언 13년. 나는 목사님을 '권선동 귀퉁이에 박힌 보석'이라 여기며 존경했다. 교회당이 커서 압도당할 걱정도 없었고, 목사님이 군림하는 권력자로 비쳐서 주눅 들 필요도 없었다. 목사는 신이 아닌 사람이다. 교인들이 목사를 신격화해도 안 되며, 목사도 인간 이상의 격으로 교인들 앞에 서면 안 될 것이다. 목사는 교회의 여러 직책 중 하나라 할 수 있다. 성경에 관하여 깊이 연구하여 해박한 지식을 가져야 하며, 성경 말씀 안에 있는 하나님의 뜻과 마음을 통찰하여 신도들에게 정확하게 전달하고 가르치는 능력을 갖춰야 한다. 그뿐만 아니라 높은 수준의 도덕성을 요구하는 자리다. 이러한 점에서 교회뿐만 아니라 사회적으로도 인정받고 존경받는 것이다.

그는 신이 아닌 사람으로서 정직한 양심이었다. 말씀 가르치는 일에 충실한 목사님이었고, 겸손한 목회자였다. 우리 곁에서 아픔과 눈물과 한숨을 위로해 주는 따뜻한 나무였다. 목회의 연륜으로는 고목이 된 나무이지만, 인생의 연수로는 60을 갓 넘긴 나이. 쓰러진 슬픔과 애석함을 어찌 말로 다 이를 수 있으리오.

하나님은 휘영청 아름다운 그 밤에 작은 새를 안고 가셨다. 소년 같은 눈망울과 열정을 품은 작은 새를 안고 가셨다. 육체를 가진 인간으로서 슬프지 않을 수 없으나, 그의 죽음이 생전의 신념만큼이나 깨끗하고 행동처럼 순수하게 느껴져서 아름답다 하고 싶다.

누구나 결국엔 가야 하는 길. 하나님이 주신 사명을 충실히 감당하다가, 눈 쌓인 산천에서 눈처럼 깨끗하게 맞은 마지막. 더구나 홍천은 목사님의 첫 목회지다. 하나님의 사역 동참자로서 의지를 다지고 열정을 불태웠던 곳이다. 목회자의 길을 가면서 외롭고 고독할 때마다 찾고 싶었던 푸른 날의 산천이었으리라. 사심 없이 가르치고 사심 없이 살기를 원했던 주의 종에게 베푸신 하나님의 은총이었을까.

작은 새여! 그러나 어떤 새보다 큰 새여! 당신은 갔지만 남긴 발자국은 지워지지 않을 것입니다. 당신의 천국 입성 모습을 상상합니다. 우리와 함께 있을 때처럼 그렇게 소탈하게, 좀 수줍어하며, 미안해하며 들어갔을 천국. 그 모습을 믿음으로 바라보며 다시 만날 날을 기약합니다. 작은 새여! 그러나 어떤 새보다 큰 새여! 편히 잠드소서.

개양귀비 유감

원천리 냇가에 양귀비축제가 한창이란 소식이다. 고개를 갸웃거렸으나 기대감으로 발걸음이 빨라진다. 소문대로 빨강, 하양, 주황색 꽃이 둔치 한 공간을 그득 메웠다. 어찌나 화려한지 꽃이라기보다 색채의 향연이다. 나도 모르게 와 소리가 터진다. 그러나 눈에 들어와 싹 안기는 맛은 없다.

내가 처음으로 양귀비꽃을 본 것은 서울로 이사 와서 세 살던 집 안마당에서였다. 그때도 양귀비는 아무나 재배할 수 있는 작물이 아니었다. 가정에서 화초로 기르더라도 두세 포기 이상은 못 키운다고 들었다. 제법 큰 키에 야한 듯하면서도 건조한 꽃잎. 청순하다고도 화려하다고도 할 수 없는 묘한 매력을 느꼈다.

한참 세월이 흐른 후, 터키 도로변에서 양귀비꽃을 다시 보았다. 푸른 언덕을 메운 붉은 꽃에 매료되어 관광객들이 버스에서 내려 사진을 찍고 구경을 했다. 구름이 날아다녀도 걸릴 것 없을 하늘. 풀숲에서 간들거리는 꽃 꽃 꽃. 혼을 빨아들일 듯 붉은 입술은 아편을 추출하는 양귀비가 아니라 개양귀비였다. 지금 내가 보고 있는 원천리 천의 꽃도 개양귀비다.

나는 옛날에 보았던 양귀비를 다시 한 번 보고 싶었고, 혹시 개양귀비더라도 터키에서의 감흥을 또 느껴보고 싶었다. 그러나 민둥한 밭에다 퍼부어놓은 듯한 개양귀비에서는 두세 포기에 매료되었던 그날의 설렘도, 터키에서의 정취도 느낄 수가 없다.

원천리 천은 수원의 신시가지를 흐르는 냇물이다. 규모는 작으나 수원을 대표할 만한 하천이다. 우리 동네 구간에는 이름 모를 온갖 풀과 야생화, 벌레들이 사는 자연생태 지역이었다. 우거진 풀숲 이슬을 적시며 좁은 산책로를 걷고, 누렁소처럼 누운 늙은 풀밭을 기뻐하며 겨울 냇가를 즐겼다. 그런 풍경이 내가 오지 못하는 몇 달 사이에 없어져 버렸다. 우거진 풀숲을 갈아엎어 꽃밭으로 만들고, 키 큰 풀이며 억새는 베어버렸다. 수풀 틈새로 반짝이던 냇물의 신비는 사라지고 훤히 보이는 개천이 되고 말았다. 좋아하던 빨강대궁과 패랭이도 없다. 어느 조경사의 손을 거쳤는지 만발한 개양귀비 꽃밭에 인기 드라마 '꽃보다 남자'의 주인공 금잔디와 구준표의 대형사진이 세워져 있다. 여고생 복장을 한 금잔디 얼굴은 동그라미로 비워놓았다. 관람객이 얼굴을 디밀고 사진을 찍으라는 배려다. 개양귀비뿐만 아니라 튤립, 백합 등 이름 모를 외래종 꽃들을 심어서 정리정돈을 잘 해놓았다. 작고 소박한 우리 산하의 꽃을 보다가 황소개구리 같은 입을 벌리고 빽빽이 들어선 꽃들을 보니, 어떤 힘센 것들이 몰려와서 내 것을 밀어내고 들앉은 기분이다. 꽃이야 무엇이건 즐겁지 않은 것이 없고, 사람도 국경 없이 섞여 사는 세상인데 웬 시비일까 마는, 풀숲을 없애버린 서운함이 트집을 부린다. 저 꽃들을 위하여 풀밭을 깡그리 망가뜨린 것이다. 알뿌리와 씨앗을 수입하느라 돈도 많이 들였을 것이다.

볼거리가 화려해서 좋기는 하다. 주민들이 가족과 한때를 즐길 수 있는 편한 공간이 되었다. 나도 넓어진 산책로와 새로운 볼거리가 싫지 않다. 그러나 요란한 볼거리와 편리한 산책로가 풀숲을 없앨만한 값어치가 있는 것인지 모르겠다.

꽃은 만발인데 왠지 휑하다. 아름답기는 한데 젖어 드는 물기가 없다. 달맞이, 애기똥풀, 개망초가 뒤섞여 피던 풀밭이 그립다. 바위틈에 구절초 한 묶음. 억새 속에 숨어 핀 코스모스 한두 포기. 생각만 해도 가슴이 뛴다. 나는 가슴을 뛰게 하는 그런 것들을 보려고 이곳에 왔었다. 돈으로 살 수 없는 그런 것들을 보여주려고 손자들 손을 잡고 이곳으로 왔었다.

여기만 그런 것이 아니고 몇 군데 다른 하천 구간도 도심정

비사업의 목적으로 깔끔하게 손질을 했다. 가수들을 초대하여 흥겨운 꽃 축제를 벌인 곳도 있다. 찾아가 보면 우레탄을 깔고, 튤립과 백합 등을 심은 것이 여기와 흡사하다. 다르다면 그 외의 꽃 종류다. 그러니 꽃을 보는 잠깐의 즐거움은 있어도 마음에 담아와 간직할 만한 정서는 없다. 그럴 뿐만 아니라 일률적인 조경이 물리기까지 하다.

세계문화유산으로 등록된 화성 팔경 중의 하나인 화홍문을 흐르는 냇가 구간도 담아올 정서가 없기는 마찬가지다. 그나마 우레탄을 깔지 않고 외래종 꽃을 심지 않은 것이 다행이다. 그러나 냇가의 생태계가 훼손되어 척박하기 짝이 없다. 화홍문은 수원천의 북쪽 수문 위에 세운 누각이다. 옛날에는 광교산에서 흐른 물이 이곳 북수문을 지나 남수문, 세류동을 거쳐 사도세자와 정조가 누우신 융건릉으로 흘렀다고 한다. 수로를 따라 늘어진 수양버들이 멋스러웠다고 하지만, 복개천이 되고 집들이 들어선 이제는 그런 풍경이 없다. 그러나 지금도 냇가에서 바라보는 화홍문과 방화수류정을 잇는 경관은 어찌나 빼어난지 발걸음을 옮겨놓기 싫다. 부드럽고 단아한 모습이 적을 향해 포를 겨누는 성벽이 아니라 풍류가 넘치는 예인이다. 냇가가 구조물과 어울리는 정서로 가꾸어져 있었더라면 그 아취가 더욱 돋보였을 것이 아쉽다.

개발과 정비는 도시 발전의 피해 갈 수 없는 과제다. 그 과정에서 편의주의로만 생각하거나 과시적 욕심을 동반하면 주변 환경과는 물론, 구조물과도 조화가 깨지기 쉽다. 미감도 떨어지거니와 사람 정서와도 불협화음을 낸다. 조상의 얼이 깃든 이곳에는 우리 산하의 것들이 피고 지고 푸르렀으면 좋겠다.

원천리 냇가에는 늦도록 남아서 발밑에 밟히는 질긴 푸름의 감동이 있었다. 칼바람 맞으며 뭇 생명을 품고 누운 늙은 풀의 너그러움이 있었다. 차오르는 급물살과 마주하여 죽어라 냇가를 지켜낸 잡초들이 있었다. 그것들은 아무렇게 해도 좋을 아무것도 아닌 것이 아니다. 온갖 씨앗과 유충을 기르는 생명의 자궁이며, 사유와 교훈과 자유를 펼쳐놓은 살아있는 그림이다. 황폐하고 오염된 땅에 푸른 생명을 공급하는 기특한 존재이며, 강력한 뿌리가 땅속 깊은 곳의 영양분을 빨아올려 표피층의 흙을 부드럽고 기름지게 한다. 태풍 에이니아가 휩쓸고 간 무참한 냇가에 새 생명을 채운 것도 저들이다. 울창한 삼림을 경제적 가치로 따질 수 없듯이, 냇가의 풀숲도 우리와 공존해야 할 매길 수 없는 가치다.

왜 없애버렸을까. 그 풀숲을. 기대어 살던 작은 목숨은 어디에 버려졌을까. 쑥부쟁이, 고마리, 환삼덩굴, 쓰르라미, 사마귀. 이곳 패랭이는 몇 포기뿐이어서 보기도 아까웠는데. 논밭과 왜가리와 잉어, 민물고기를 몰아내더니 이제 쥐꼬리만큼 남겨놓았던 풀숲마저 쫓아내었다.

개양귀비 꽃밭을 지나 도서관 밑쯤 다다르니 손대지 않은 구간이 나온다. 풀숲이 푸르게 푸르게 안겨 온다. 정겨운 냄새. 시원해지는 눈. 멈췄던 숨이 터진다. 짧지만 풀숲 사이로 뚫린 산책로가 불편하지 않게 손질되어있다. 그래. 우리가 할 일은 이처럼 불편한 점을 손보는 정도면 된다. 그리하여 잠자리채 들고 나온 머슴애가 풀쐐기에 놀라 울기도 하고, 깡충거리는 계집아이 머리에 들국화, 개양귀비, 코스모스를 꽂아주며 노는 건강한 공간으로 남겨둬야 한다. 그러는 것이야말로 시멘트벽 속에 갇혀 사는 사람들에게 위로와 해방감을 주는 축제가 되고, 영롱한 눈망울들이 가없는 꿈을 꾸는 축제가 되는 것이다.

아가의 천진한 몸짓 같던 이곳. 잇몸뿐인 촌로의 웃음 같던 이곳. 그 속에 개양귀비가 피어있었더라면 말할 수 없는 감흥으로 가슴이 뛰었을 것이다.

어느 봄날 인상

봄을 보려고 광교로 나왔다. 보드라운 비가 밤을 새우더니 호수를 두른 가깝고 먼 산에 봄이 한 뼘은 더 자랐다. 호숫가에는 벚꽃이 흐드러졌다. 힘에 겨워 늘어진 꽃가지가 새하얀 능수버들 같다. 더없이 맑은 날씨. 아낌없이 내리는 정오의 햇살. 호수를 에워싼 벚꽃들이 일제히 흰빛 광채를 쏜다. 어쩜 꽃에서 저런 역동적인 흰빛이 날 수 있을까.

내가 만약 화가라면, 햇빛과 벚꽃이 융합하여 만들어낸 저 신비스러운 흰빛을 화포에다 쏟아 붓고 봄이라 하겠다.

알록달록 즐거운 등산모들이 벚꽃 아래로 걸어간다. 아이를 목말 태운 젊은 아빠. 유모차를 밀고 가는 아기 엄마. 팔을 X

자로 엮어 서로의 허리를 감싸 안은 정다운 연인. 모두 활기차고 밝은 표정이다. 나도 그 행렬에 끼었다. 손을 잡고 흔들며 가는 젊은이의 행복 바이러스가 봄의 파장을 타고 퍼진다. 젊음은 축복이다. 그들이 하는 행동, 그들이 하는 말, 그들의 패션은 상쾌하다. '짓거리'라고 할 수밖에 없을 과잉 표출도 나쁘지 않다. 내게도 행복 바이러스가 전해졌는가. 가늠할 수 없는 기분에 휩싸인다. 생동감 같기도 하고, 출렁이는 인파에서 튕겨 나온 소외감 같기도 하다. 그러나 내 안으로부터 고조되는 이 감정은 분명 즐거움이다.

누군가 내 손을 잡아끈다. 결코 낯설지 않은 사람. 소년도 아니고 청년도 아닌, 인생의 가장 향기로운 시간대의 사람. 창조 본연의 순수가 훼손되지 않은 그와 손잡고 벚꽃길을 걷는다. 꽃보다 더 화사한 이름, 청춘. 건강한 꽃들이 발산하는 광채여. 눈부신 하양이여. 내 가슴과 팔다리에 벚꽃이 인다.

봄을 너무 과하게 마셨는가. 휘청대는 나를 제어하듯 보랏빛 양산이 앞을 가로막는다. 벚꽃 사이사이로 빠져나온 햇빛이 양산 위에 앉아 무늬를 만든다. 양산 안은 밋밋하다. 화사한 색깔도 광채도 없는, 풍화된 세월이 머물러 있다. 그래도 숨길 수 없는 봄의 요동. 보랏빛 양산 위에서 하얀 봄이 아롱거린다.

벚꽃놀이 인파에서 벗어나 건너편 밭두렁으로 향한다. 개발 제한에 묶여 남아있는 행운의 그루터기다. 검정 얼룩 젖소들이 한가롭게 볕을 쬐고, 두엄 냄새도 풍긴다. 아이들 이름을 써서 붙인 주말농장이 봄갈이했다. 반듯반듯한 조무래기 밭들이 나름의 꿈을 보듬고 이마를 맞붙이고 누웠다. 여기는 노랑 꿈, 저기는 빨강 꿈, 저어기는 딸랑딸랑 아기 토마토. 밭 가운데로 떠가는 새하얀 뭉게구름이 덩달아 부푼다. 그런데 하늘까지 왜 이리 푸른가. 봄은 역시 생명이 약동하는 계절이다. 직접 들어와 밭두렁 논두렁을 밟아보고, 죽은 듯한 흙에서 돋아난 작은 생명의 몸짓을 보지 않고는 꿈틀거리는 대지를 느낄 수 없으리라.

근년엔 해마다 봄을 노래하는 글을 쓰게 된다. 작정하고 쓰려는 것이 아닌데 저절로 경탄이 나오고 안타까운 정감에 가슴이 젖는다. 내게서는 이미 떠나버린 봄. 그리하여 다시 돌아올 수 없는 빛나는 시절이라 그러겠지만, 내 그루터기 어디에서 봄 싹 비슷한 무엇이 움찔거리는 것이다.

걷다 보니 자물쇠 대신 헝겊으로 대문 고리를 채운 작은 외딴집 앞이다. 기존의 건물 평수 이상은 더 크게 짓지 못하게 하니, 이사를 하고 비워둔 집인 듯하다. 문간채 건너에 서 있는 검은 벚나무 때문에 발길을 이리로 옮겼다.

그랬는데 대문 옆 문간채가 눈길을 잡는다. 통나무를 반으로 툭 갈라 윗면만 다듬어서 그대로 놓은 툇마루. 성근 세로지기 문살에 창호지를 붙인 여닫이. 그 어울림만으로도 미감을 건드리기 충분한데, 투박한 툇마루 아래 하얀 고무신 한 쌍이 봄볕에 무르녹고 있다. 나른한 봄 한낮. 헝겊 자물쇠를 채운 안채는 정적이 흐르고, 살그머니 문간채 툇마루에 올라 창호를 엿보는 보송한 봄볕. 주인장이 배설한 기막힌 풍류가 아닌가.

그래 가까이서 보니 벚나무 둥치가 불에 그슬린 것처럼 까맣다. 오래된 벚나무는 원래 둥치가 까맣긴 하지만 이 나무는 유난히 새까맣다. 그런데다 호호할아버지처럼 등이 구부러졌다. 구실을 못하는 묵은 가지는 쳐내고, 남아있던 두어 개 가지에서 생겨난 잔가지가 꽃을 피웠다. 그럴지라도 구름처럼 떠 있는 새하얀 꽃무리가 호숫가 못지않은 감탄이다. 다 이지러진 둥치 어디에 저리도 희디흰 정열을 감추었다가 일시에 뿜어내는 것일까. 뿐이랴. 구부러진 등허리에서 새 가지를 내어 소복이 꽃을 피웠다. 탄성. 탄성. 깜깜한 침묵이 분출하는 생명력이여. 흰빛 광채여.

내가 만약 화가라면, 깜깜한 화포에다 그믐달을 그려놓고,

그믐달 허리에서 분수처럼 뿜어 오르는 새하얀 벚꽃을 봄이라 하겠다. 햇빛과 벚꽃이 융합하여 만들어낸 저 신비스러운 흰빛을 쏟아 붓고 봄이라 하겠다.

대굿국

시장에 대구가 많이 나왔다. 작지만 생생하다. 색깔이 선명하고 눈알이 말갛다. 내장도 탱글탱글하다. 손질하여 포장해놓았으니 번거로운 일 없이 요리 할 수 있겠다.

입맛이 당긴다. 열감기를 앓고 난 뒤라서 시원한 국물이 먹고 싶던 참이다. 옛날 어머니가 끓여주셨던 대굿국 맛이 입속에 감돈다. 뜨겁게 한 그릇 먹으면 몸이 풀릴 것 같다.

어머니는 동지가 가까워져 올 무렵이면 풋나물 통에다 커다란 대구를 담아서 이고 오셨다. 떨이하지 못한 푸성귀가 남아있었지만, 생선의 선도가 떨어질세라 부리나케 집으로 오셔서 개수대에다가 도마를 내놓고 손질을 하신다. 조심스레 쓸개를 떼어 내고, 알이나 고니를 꺼낸 후, 애(肝)가 뭉그러지지 않도록 가만히 끄집어낸다. 그리고 몸통을 먹기 좋게 토막 친다.

그렇게 손질한 대구 토막을 하나하나 지푸라기로 동여매어 커다란 무쇠솥에 안치고 쌀뜨물을 받아 붓고 끓인다. 간을 맞출 간장은 반드시 장독대서 새로 떠온 장이어야 한다. 조상님께 심미(深味) 올릴(그해 처음 끓인 대굿국을 조상님께서 맛보시도록 올리는 의식) 귀한 음식에 먹던 간장을 넣어서는 안 된다. 무는 깎아 썰기로 빚어서 간장을 약간 쳐서 까불어 두었다가 국이 한소끔 끓고 나면 넣는다.

대구는 살이 물러서 끓이면 풀어지기 때문에 짚으로 묶으며, 달고 연한 겨울 무는 오래 끓이면 무 냄새가 나고 단맛이 가시므로 나중에 넣는다. 아가미와 창자, 알은 소금에 절여 젓갈로 만들고, 고니와 애는 국이 적당히 끓은 후, 무 넣는 시점에 손으로 뜯어서 넣는다.

마침 내가 사 온 대구에도 적은 양이지만 고니와 애가 있다. 수놈이다. 대굿국에는 알배기보다 곤쟁이(고니가 있는 수놈)를 더 쳐준다. 어머니 흉내로 대굿국을 끓였다. 조금 떠서 맛을 보니 고니와 애가 아찔하게 맛있고, 국물이 어찌나 단지 속이 풀릴 것 같다. 입안에 만족감이 젖어 드니 내 곁을 떠나 사는 자식들 생각이 난다. 그들은 나보다 더 좋은 음식을 먹고 살겠지만, 낯 다른 음식을 볼 때면 가시처럼 걸린다. 먼저 떠난 남편도 생각난다. 그는 내가 나이 들면서 내는 농익은 음식 맛을 보지 못하고 떠났다. 나이 들면 손맛도 늙어서 음식 맛이 없어진다고 하지만 꼭 그렇지만은 않은 것 같다. 옛날에 오빠들은 뭉툭하고 주름살투성이인 우리 어머니 손에서 꼬신내가 난다고 했다.

혼자 먹는 것이 미안해 따로 상을 차려 대궂국 한 대접을 올려 거실 한쪽에 놓았다. 무슨 의식을 치르기 위해서가 아니라 내 곁에 없는 가족들에게 먹이고 싶은 마음을 떠놓은 것이다. 내가 이러는 것은 어머니의 영향이다. 어머니는 그렇게 정성을 들여 끓인 대궂국을 소반에 받쳐 안방 윗목에 놓고 조상님께서 맛보시도록 했다. 그런 후에야 우리가 먹을 수 있었다.

대구는 동지 무렵에 가장 깊은 맛이 드는 큰 생선이다. 고래나 참치 같지는 않지만 요새 도회지 마트에서 파는 생태만 한 것과는 비교도 안 된다. 그때의 대구는 크기도 했지만, 균형 잡힌 몸에다 연한 회갈색 옷을 갖추어 입은 미끈한 풍채가 여느 신사 못지않은 품격을 발산했다. 그것을 따서 앞마당에 주렁주렁 달아놓고 건들건들 약대구(말린 대구)를 만들 때면, 아버지께서 한 점 베어다 술상을 차려오라 하실 어느 이슥한 밤을 손꼽아 기다리곤 했다. 이처럼 대구는 귀한 음식이므로 조상님께 먼저 대접하지 않고 먹는 것은 죄스러운 일이다. 우리 고향이 바닷가라서 이러한 풍습이 내려왔던 것인지는 알 수 없으나 어머니는 살아계신 어른을 섬기듯 조상님께 정성을 다하셨다.

그런 제의(祭儀)뿐만 아니라 객지에 나가 있는 큰오빠의 밥도 정성스레 따로 퍼서 부뚜막에 두셨다. 같이 밥을 먹어야 할 식구가 외지에 나가 있으면 누구든 간에 그렇게 하셨다. 작은오빠가 6·25전쟁 때 군대에 가 있을 동안에도 올케더러 오빠 밥을 아침저녁 담아놓게 하셨다. 쌀이 뉘처럼 섞였던 그 꽁보리밥은 오빠가 돌아올 때까지 부뚜막에서 떠나지 않았다. 내가 결혼을 해서 서울에 살게 되면서는 내 사진과 내 아이들의 사진을 머리맡에 두셨다. 그 당시 객지에 나가 사는 자식은 나뿐이었고, 부엌살림도 며느리에게로 넘어갔으니 부뚜막에 퍼서 둔 밥 대신에 머리맡에 사진을 두셨던 것일 거다.

어머니의 의식 속에는 유명을 달리한 사람도, 객지에 나가 있는 사람도, 두레상에 둘러앉아 같이 밥을 먹고 있는 식구들이었다. 그 생명의 원천을 한솥 안에 넣어놓고, 먹이지 못해 불은 젖이 찌릿찌릿 아파져 오듯이 일평생 가족을 아파하셨던 것 같다. 새삼 깨닫는다. 가정은 부부에 의해서 형성되나, 가족을 면면히 이어 결속시키는 것은 어머니 솥에 든 밥인 것을.

대굿국을 끓여놓고 청승을 떨었다. 혼자 먹기 위해 차린 밥상이 쓸쓸했던 모양이다. 보편화한 생활양식인데 가끔은 헛헛하다. 내가 내 어머니의 품에서 떠나간 자식일지라도 어머니의 솥에는 여전히 살로 가는 내 밥이 있었듯이, 내 곁을 떠난 가족의 밥도 여전히 내 솥 안에 남아있다.

따로 떠놓은 대궂국에선 아직도 식지 않은 김이 오르고 있다.

별이 빛나는 밤

여수의 작은 포구. 바다와 맞붙은 언덕배기 펜션. 철썩거리는 파도 소리에 잠을 이룰 수가 없다. 시곗바늘이 새벽 3시를 지나고 있다. 마당으로 나와 언덕 아래를 내려다보니, 바위에 부딪혀 솟구치는 물보라가 하얀 꽃이듯 선명하다.

불빛 하나 없는 포구는 별 무리만 찬란하다. 팔을 치켜 뻗으면 닿을 수 있을 것처럼 가깝다. 북쪽 밝은 별은 변함없는 북극성일 것이다. 은하수는 어디쯤. 북두칠성은 어디에. 감격스럽다. 이러한 감격을 얼마나 굶주리며 살아왔는가. 그리워하며 사는가.

별은 살아있었다. 문명의 배설물로 찌든 하늘 속에서도 여전히 빛나고 있었다. 모깃불 연기 자욱한 멍석에 누워, 어머니 무릎을 베고 보았던 아잇적별도 저기 살아있다. 그 밤의 별에는 맑은 개울, 따스한 바람, 풀꽃 같은 이야기가 살고 있었다.

결혼을 하고 일 년 만에 시댁으로 첫걸음(新行) 한 날, 외양간 옆 뒷간이 무서워 축담에 쪼그리고 앉아서 보았던 그 밤의 별도 저기 있다. 시샘 많은 동서 밑으로 시집가서 좋은 기억이라곤 없는데, 싸라기 같던 그 밤의 별이 왜 따라온 것일까. 오늘 밤 여수의 바닷가에서 반세기 만에 별을 보는 감격이 격하다.

자식들은 저희 식구들과 단잠에 빠졌다. 저들의 바쁜 일상에서 별을 헤아릴 틈이 있겠는가. 혹 밤하늘을 바라본다 해도 저토록 총총한 별은 볼 수 없다. 하지만 깨워서 별의 향연에 초대하기에는 저들이 너무 피곤하다. 나의 칠순 잔치를 가족 여행으로 결정하고, 그 첫 목적지가 땅끝마을이었다. 자식들의 형편대로 출발하여 해남에서 모여 일박을 하고, 오늘 그곳 관광을 마치고 늦은 시각에 여수 향일암으로 출발했다. 그야말로 녹초가 되었을 것이다.

이번 여행은 나의 결단이다. 자식들의 마음을 담은 의견이 분분했지만, 70년을 산 것이 자랑일 것 없고, 회갑을 넘기지 못하고 떠난 사람도 있는데 요란하게 벌일 일이 아니었다. 이런 기회가 아니면 시간 내어 여행할 틈이 없는 자식들과 더불어 산천을 두루 구경하며, 낯선 음식을 먹어보고, 아들, 딸, 사위, 며느리, 손주들과 한데 어울려 잠을 자는 것도 분에 넘치는 축복이다. 하물며 70년을 살아오면서 때 묻고 더러워진 눈이 맑디맑은 별을 보는 이 밤의 걱정이랴.

느닷없이 조카들이 들이닥쳤다. 며칠 전 조카딸에게서 전화가 왔을 때 여행으로 잔치를 대신하니 그리 알라 단단히 일렀었다. 그랬는데 이모부(姨母夫)와 형제들을 먼저 보내고 홀로 남은 이모의 칠순이 쓸쓸하다며 여기로 온 것이다. 큰언니의 아들, 딸, 며느리들이다. "이모" 부르며 들어서는 그들을 차례로 끌어안았다. 이미 예순이 넘었거나 예순을 바라보는 희끗희끗한 그들. 가슴에서 뜨거운 것이 울컥했다. 지난날, 언니가 해주는 한솥밥을 먹으며 저들은 학교를, 나는 직장을 다녔다. 막내 조카는 손잡고 유치원에 데리고 다녔는데 어느 세월에 같이 늙어간다. 교통이 좋아지긴 했지만 여기까지는 먼 거리이고, 조카와 조카며느리들 모두 직장을 가지고 있는데 어떻게 서로 맞춰서 왔는지 고맙기 그지없다.

조카들은 그렇다 하더라도 조카며느리들은 핏줄로나 공유한 정서로나 나와는 상관없는 사람들이라 할 수 있다. 그런데도 시이모(媤姨母)의 칠순 상을 차리기 위하여 전통 통영비빔밥의 재료와 건어와 횟감, 심지어 고추장, 깨소금, 참기름까지 고향의 것으로 졸망졸망 챙겨왔다.

내 고향 통영비빔밥에는 물파래와 물미역, 톳나물이 들어간다. 방풍나물도 들어간다. 나물을 무칠 때는 바지락을 다져서 조선간장과 참기름으로 볶아서 조미료로 쓴다. 그리고 개조개와 낙지, 홍합 같은 어패류를 함께 넣어 탕을 끓이고, 비빔밥에 탕 건더기를 한 숟가락 얹어서 촉촉하게 비벼 먹는다. 고추장은 넣지 않는 것이 원칙이다. 육지의 나물과 해조류가 섞여서 내는 독특한 맛과 향을 살리기 위함이다. 단맛과 매운맛에 길든 요즈음 사람들은 도저히 알 수 없는 풍미다. 그리고 갯바람에 삐득삐득 말린 생선 위에 실고추와 통깨를 뿌려서 시루에 쪄낸 것을 곁들인다. 찐 생선과 탕과 함께 먹는 통영비빔밥이야말로 일미다.

조카며느리들이 부엌에 들어서서 칼도마 소리를 낸다. 남정네들까지 합세하여 부산을 떤다. 드디어 그리운 맛 가득한 푸진 상이 차려졌다. 자식들이 해남의 소문난 '맛집'을 찾아서 대접해준 음식으로 생일상을 받았는데, 이번에는 조카들이 차려주는 생일상을 또 한 번 받았다. 눈물이 핑 돌면서 목이 멘다. 떠나고 없는 피붙이들이 새삼 그립고, 큰언니 생각이 간절하다. 부모님 품 안에서 옹기종기 자라던 형제가 함께 늙어간다면 그보다 좋은 노년의 벗이 어디 있을까. 나 혼자 뒹굴어진 듯 그립다.

큰언니는 당신 집안 식구들에게는 말할 것 없고, 부모 형제들에게도 각별했다. 그들을 위해서는 당신의 몸과 마음을 아끼지 않았다. 조카와 조카며느리, 또 나도, 그분의 손에서 나온 맛을 먹고, 그분의 마음에서 우러나온 정을 받았다. 언니가 내게 했듯이 오늘은 조카며느리들이 그들의 손맛과 정을 풀어놓고 있다.

조카들은 늙은 이모가 자기 엄마를 닮았다고 한다. 코가 닮았다 하고, 목소리가 영락없다고도 하며, 저희 엄마가 이모보다 더 예뻤다며 내 자식들 앞에서 자랑한다. 그러면서 내게서 저희 엄마 냄새를 맡고 있다. 내가 저희 엄마를 닮았는가. 아니다. 언니는 우리 어머니를 닮았다. 나물 하는 솜씨며, 정까지도 닮았다. 너나없이 배고팠던 그 시절에, 어머니는 기르는 고양이나 개가 새끼를 낳으면 "새끼 빼낸 배가 오죽이나 허출할까?" 하시며 미역국을 끓여 먹이셨다. 밥 얻으러 온 거지를 양지쪽에 앉히고 뜨끈한 시래깃국에 꽁보리밥 한 덩이를 말아서 주셨다. 큰언니는 그런 어머니를 똑 닮았었다.

지금 보이지는 않지만, 우리 어머니가 별처럼 반짝이고 있다. 공해에 찌들어 보이지 않는 하늘에도 별은 빛나고 있듯이, 조카들과 나는 물론이고, 피 한 방울 섞이지 않은 외손자 며느리에게까지 그분이 스며들어 있는 것이다. 그렇지 않고서야 시이모의 생일상을 차려서 위로하려는 기특한 정이 어디서 흘러왔겠는가.

사람과 침팬지의 DNA는 99% 일치한다고 한다. 그러나 사람과 침팬지는 확연히 다르다. 사람을 사람이게 하는 1%는 사람만이 가질 수 있는 고귀한 정서가 아닐까. 별처럼 아름다운 인간의 정서는 핏줄로만 전승되는 것이 아니라 사람의 냄새로도 전승되는 것이다. 문맹(文盲)이셨기에 오히려 본연의 냄새가 덜 훼손되었을지 모를 어머니. 알게 모르게 그분의 항로를 따라 살다 갔을 언니. 사람은 가고 없어도 사람의 냄새는 내림으로 살아있다.

나의 칠순을 축하하는 한 판 놀이를 벌이기 위해 조카들과 내 자식들이 노래방으로 몰려갔다. 저들끼리 신나게 한 판, 장모와 사위와 함께. 손자 손녀들끼리 한 판. 내가 주인공이 되어서 순서 없이 노래 부르며 흥겹게 놀았다. 인간의 복(福)중에 수(壽)를 맨 첫 자리에 놓은 것도 다 이런 재미 때문일 것이다.

돌아오는 밤하늘에 별이 총총하다. 저들 가슴 가슴에도 나름의 별이 떴을 것이다. 내 안에도 감사와 기쁨의 별이 떴다. 그리고 저들은 알 수 없을 그리움과 회한의 별도 떴다. 별이 빛나는 밤이다.

담배와 맥주와 인생의 끝맛

- 담배

바다는 쾌속선의 발밑에서 하얀 길을 내주고 있었다. 갑판 위로 튀어 오르는 물방울을 맞으며 즐기는 속도의 짜릿함. 그는 담배를 꺼내서 왼손 둘째와 셋째 손가락 사이에 깊숙이 끼우고 연기를 내뿜었다. 담배를 피우는 그의 습관은 독특했다. 손가락 끝에다 담배를 끼우는 것이 아니라 손등 가까이 깊숙이 끼어 입을 가린 듯한 모양으로 빨았다. 그리고 가끔 담배 연기를 동글동글하게 만들어서 하늘에 띄워놓고 나를 보며 웃었다. 가지런한 이빨이 하얀 물보라처럼 좋아 보였다.

깃발처럼 펄럭이는 화이트셔츠, 힘줄이 꿈틀거리는 구릿빛 팔뚝, 가죽 끈이 달린 손목시계. 그런 조합으로 망망한 바다를 향해 담배 연기를 날리는 남자에게서 묘한 매력을 느꼈다. 정확하게 말하자면 남자에게서가 아니라 펄럭이는 화이트셔츠와 손목시계를 찬 구릿빛 팔뚝과 담배 연기가 연출하는 역동적이고 달콤한 분위기에 매료되었다.

사람이 이성에게 끌리는데 필요한 시간이 3초라는 말이 옳을지 모른다. 여자는 분위기에 약하다는 말도 옳을지 모른다. 선배 Y는 맞선을 보러 나가서 상대방의 얼굴은 쳐다보지 못하고 커피 탁자 아래 내린 남자의 손과 구두를 보고 마음을 정했다고 했다. 선배는 당시 여성들의 선망이었던 이화여대 졸업생이다. 교수님이 다리를 놓아서 선을 보게 되었는데, 눈을 마주칠 용기가 없어서 탁자 아래로 시선을 떨어뜨리고 있었다고 한다. 그런데 남자의 커다란 검정색 구두와 무릎 위에 올려놓은 큼직한 손이 마음으로 들어오더란다. 남자는 문과 출신이었지만 고향 씨름대회에서 우승을 할 만큼 실제로 팔다리가 길고 손발이 컸다. 남자와 여자의 끌림이란 얼마나 어처구니없는가.

쾌속선은 바다를 가르고, 상쾌한 바람은 가슴을 부풀리고. 내가 분위기에 취해있는 것을 아는 것처럼 그가 말없이 담배 한 개비를 내밀었다. 그리고 라이터를 켜서 불을 붙여주었다.

생전 처음 피워보는 담배인데 독하지 않았다. 나는 그와 똑같이 왼손 둘째와 셋째 손가락 사이 깊숙이 담배를 끼우고 한 모금을 빨아서 바닷바람에 내보냈다. 내 행위에 내가 취하고 있었다.

- 맥주

문을 열고 들어서자마자 귀청이 찢어질 것 같은 경음악이 울렸다. 그리고 무대에는 수십 명의 무희가 현란하게 춤을 추고 있었다. 안내자를 따라 이 층으로 올라가서 중앙에 자리 잡은 테이블 앞에 앉았다. 분위기에 익숙해지기도 전에 웨이터가 달려와서 탁자 위에 맥주와 마른안주를 놓고 갔다. 평생 고향을 벗어나지 못할 것 같던 막막한 청춘이 서울이란 데를 와서 워커힐 쇼를 보러 간 것이다.

자동차를 타고 워커힐로 입성하는 숲길부터 이미 기분은 들떠 있었다. 홀(hall)로 들어서자마자 쿵쾅거리는 음악 소리와 테이블을 꽉 채운 사람들의 웅성거림에 어리둥절했다. 생전 처음 들어보는 생음악과 도시의 오락 분위기가 사람의 기를 뽑아 갔다.

컵에 따라놓은 맥주를 덥석 마셨다. 써서 입에 대지 않던 맥주가 멋모르고 넘어갔다. 시원했다. 쿵쾅거리는 음악과 부산한 분위기와 무희들의 현란한 춤이 맥주의 쓴맛을 희석시켜 주는 대신, 시원한 맛을 더 해 주었다. 그러나 곧 감전된 것처럼 목젖이 찌릿하더니 식지 않은 자극이 식도를 따라 내려갔다. 화장실에 가고 싶었다.

그러나 내가 누구냐. 일 년 삼백육십오일 새벽같이 술국을 끓여대던 우리 어머니의 남편, 아버지 딸이다. 웨이터가 탁자 위의 빈 병을 치우고 다시 맥주를 가져왔다. 이번에는 아까와는 달리 비싼 과일 안주를 가져다 놓았다. 나를 배려한 미스터 송의 주문이었을 것이다.

캉캉 춤이 끝나고 무대는 조용해졌다. 부드러운 음악이 감미롭게 흘렀다. 객석에 마련된 원형 무대에 몇몇 사람들이 오르더니 남녀가 자세를 취하고 춤을 추었다. 말로만 듣던 사교춤이 눈앞에 펼쳐졌다. 껴안고, 빙빙 돌고, 리듬을 타고. 나도 나가서 춤추고 싶었다. 사교춤 근처에도 가보지 못했지만 안에서 일어나는 흥이 리듬을 타고 있었다.

내 기억 속의 사교댄스는 우리 동네 기와집 대청마루에서 전축을 틀어놓고 남녀가 비밀리에 추는 춤이었다. 그러다가 경찰이 떴다는 정보를 입수하면 산산이 흩어진다. 이웃집 담 너머로 구경했던 그 춤이 공인된 장소에서 자유롭게 펼쳐지고 있다.

손을 잡아주면 나도 따라갈 수 있을 것 같았다. 그러나 미스터 송은 연미복 입은 내빈처럼 점잖게 앉아있었다. 나는 맥주 거품에 입을 대며 춤추고 싶은 충동을 가라앉혔다. 아마도 맥주를 마시는 것이 아니라 감미로운 리듬을 마시고 있었을 것이다. 역시 술은 가무가 곁들여야 제 맛을 내는 모양이다.

달빛 휘황하던 그 밤. 워커힐을 향해 가던 숲길부터 나는 이미 취해있었고, 그 별천지 같은 장소에서 맥주의 달콤한 끝맛을 알았다.

- 인생의 끝맛

손이 크고 구두가 커서 선택된 선배 남편은 지난해 영면하셨다. 퇴계학으로 박사학위를 받고 국립대학 강단에 서셨던 그분은 손발보다 품이 더 크셨다. 너그럽고 인자하신 인격을 대하면 팔이 길어서 무릎 아래까지 내려왔다는 삼국지의 유비가 떠올랐다.

푸르른 날을 함께했던 하얀 셔츠 나의 청년은, 25년 전에 유명을 달리하여 안식에 들어갔다. 건축사였던 그는 부지런하고 온화한 가장이었고 하나님을 경외하는 신앙인이었다.

지난봄, 나의 팔순 가족 모임 장소를 자식들에게 맡겼다가 워커힐로 하자고 청했다. 대전서 워커힐까지 멀기도 하고, 식비도 낭비랄 수밖에 없는 그곳으로 왜 정할까 이해할 수 없었겠지만, 내 생전에 한 번은 다시 와보고 싶었다. 세월은 속절없이 가버렸고 그이도 떠나고 없지만.

건물도 낡고 풍치도 낡았다. 나도 늙었다. 그때는 대한민국 제일의 호텔이었고 오락 장소였으며, 귀빈을 영접하는 대표 건물이었는데.

담배의 끝맛은 로맨스였다. 맥주의 끝맛은 달콤했다. 망구(望九)에 이른 지금, 인생의 끝맛은 어떠냐고 물으면 씁쓸하다 할 것이다. 담배와 맥주는 사기를 쳤지만, 인생의 끝맛은 진실인 것 같다.

지금은 누려야 할 때

이곳으로 와서 두 번의 겨울과 여름을 보내고 지금 나는 가을 강가에서 아침을 맞는다. 햇빛이 강물에 떠내려간다. 몸을 숨기고 헤엄쳐가는 황금잉어 비늘 같다. 갈잎에 맺힌 어젯밤 빗방울. 강둑을 타고 곳곳에 피어난 하얀 덩굴식물 꽃. 그리고 라일락처럼 달콤한 그들의 향기. 푸름이 넘치던 둔치는 누릿하게 변했지만 고요한 휴식이 마음을 편안하게 한다. 만물은 때를 따라 아름답다. 어제는 어제대로, 오늘은 오늘대로.

변화무쌍한 자연을 즐기며 강둑을 거니는 것은, 따로 할 일 없는 아침이 뜨고, 꿈꿀 것 없는 밤이 드는 노년의 한 기쁨이다. 노년을 잉여시간, 권태, 고독, 모멸이란 말로 대변한다. 싫지만 맞는 말이다. 고령화 시대의 노년은 저하와 상실이 거듭되는 육체 자체가 권태이고 고독이고 모멸일 것이다.

갑천 강가에서 살기로 작정한 후, 두 가지를 간절히 생각했다. 단순하게. 자유롭게. 꼭 필요한 것 외에는 지니고 있던 세간이며 옷가지며 책 등을 모두 버리고 왔다. 아들 식구에 대한 애틋한 정도 두고 왔다. 친구도 두고 왔다. 소멸해가는 근력에 맞춰 생활이 가벼워지고 마음의 것도 가벼워져야 할 것이다. 꿈꾸었던 만년의 전원생활은 아니지만, 전원 같은 아파트 주변 환경에 만족한다.

살림살이가 단출해지니 내 힘만큼의 노동으로 깨끗하고 정돈된 집안 분위기를 누릴 수 있다. 힘에 맞는 노동은 달다. 나이 들었다고 일을 싫어하면 인생의 즐거움 하나를 스스로 포기하는 것이다.

식생활은 건강과 직결되니 귀찮아도 소홀히 할 수 없다. 젊어서는 가족을 위해 음식을 만들었으나 지금은 나를 위해 만든다. 어릴 적에는 먹지 않았던 어머니식 반찬을 하기도 한다. 이제 와서 그때의 음식이 별미처럼 당기는 것은 세월이 돌려주는 선심일 것이다. 하지만 아무리 혼자 먹는 적은 양의 음식이라도 따르는 수고를 달게 여기지 않으면 식탁의 즐거움을 맛볼 수 없다. 생활도 마찬가지라고 생각한다.

사람과의 관계는 아주 단순해졌다. 큰딸 식구 이외는 연고가 없는 곳이고, 내 건강이 별로 활발하지 못해서 단순하지 않으래야 않을 수 없다. 적적할 때도 있지만 고독이 나쁘지만은 않다. 고독이 주는 축복도 많다. 사는 즐거움과 보람이 의식주와 인간관계에 있음이 사실이지만, 단순한 인간관계는 그만큼 긴장과 갈등에서 벗어나게 한다. 노년에서야 누릴 수 있는 여유다.

일 년을 버티니 염색한 머리카락이 모두 잘려나갔다. 백발의 모습은 나도 처음 보는 내 모습이다. 늙어도 여자는 여자다. 젊고 아름다워지고 싶은 여자의 구원한 욕망을 완전히 버릴 수는 없다. 그러나 염색의 중압감에서 벗어난 편안함이 유혹을 누른다. 백발의 모습을 드러내면서부터 육체를 치장하려던 눌림에서 어느 정도 자유로워졌다. 찌부러진 눈과 주름 골이 깊어진 얼굴에서도 자유로워졌다. 염색에서의 자유는 단순히 염색에서만의 해방이 아니었다. 자연한 것이야말로 가장 단순하고, 자유롭고, 편안함이란 것을 몸으로 터득하게 해주었다. 작지만 이 같은 변화들이 몸과 마음을 가볍게 하고, 오히려 자존감을 높여준다.

그런 변화를 기대하며 여기로 왔지만, 노년은 어쩔 수 없는 육체의 쇠락이요 침잠이다. 상실되어가는 육체가 안고 있는 잉여시간의 잔인함을 모르고는 권태를 말하지 못할 것이다. 공동체에서 소외되는 쓸쓸함을 알지 못하고는 모멸을 말하지 못할 것이다. 체온을 맞대던 가족관계는 깨지고, 젊은이를 위한 소통의 장은 차고 넘쳐도 차 한 잔을 그리워하는 노년의 외로움이 앉을 자리는 없다. 누구도 내 외로움에 관심 가져주지 않는 이 시대의 노년을 살면서, 처분할 수 없는 그것들을 껴안고 강가로 나온다. 깨어진 인간관계 벌충으로 강가로 온다.

경치를 벗 삼아 강둑을 걸을라치면, 햇빛과 바람과 강물이 주는 알 수 없는 기쁨이 가슴 가득 차오른다. 죽어있던 내 안의 얼이 살아나 자연을 느끼고 듣게 한다. 그리하여 발밑에 핀 작은 풀꽃 앞에서 마음을 적시고, 모든 생명 안에 깃든 고통을 연민하며 울고 싶어진다. 자연은 신이 인간에게 주신 고귀한 선물. 영혼의 고향. 내 젊은 날에도, 노년의 지금에도, 그에게 의지하여 받는 위로를 어찌 말로 펼쳐 보일까.

사람은 자신이 사랑하는 것에서 배우고, 사랑하는 것에서 기쁨을 얻으며, 사랑하는 것에서 위로를 받는다. 하지만 가슴 설레게 하던 대부분은 세월과 함께 떠나고 만다. 비록 노년이 고독만이 남은 시간이라 할지라도 받아들여야 할 인생의 몫이라면, 새롭게 마음 붙일 대상을 찾아야 한다. 그 대상이 자연이어도 좋고, 애완동물이어도 좋을 것이며, 신앙이어도 좋을 것이다. 마음 붙일 데가 별로 없는 나는 기르는 화초 몇 그루와 주일날 교회당 가는 일에 마음을 붙인다. 물소리, 아이들 소리 소란한 공동탕에서의 목욕, 뜨거운 커피 한 잔, 장 보러 가기 등은 권태를 날려주는 바람 같기도 하다. 큰 기쁨, 큰 위로를 찾아 마음을 낭비하지 말고, 작더라도 지금 내 곁에 있는 것들과 기쁜 관계를 맺으며 살려고 한다. 일상을 사랑하며 살려고 한다.

오늘 아침, 강가에 이르기까지 크고 무성한 백합나무를 지나고 느릅나무를 지나고 단풍나무, 은행나무를 지나왔다. 넘쳤던 푸름이 어느새 가을물이 들어있었다. 은행나무는 온통 노랑이고, 느티나무 꼭대기는 빨갛게 익어 있었다. 아침 햇살을 입은 그들의 모습이 울긋불긋 찬란한 꽃구름이었다. 푸른 윤이 흐르는 신록만 가슴을 뛰게 하는 것이 아니라 건조한 단풍도 가슴 터지는 기쁨이었다.

만물은 때를 따라 아름답다. 어제는 어제대로. 오늘은 오늘대로. 나 또한 만물 중의 한 존재. 녹슬고 구겨진 육체를 권태라 하지 말 것이다. 모멸이라 하지 말 것이다. 내 인생에 다시 없을 잉여시간을 꽃피운 아름다움이라 할 것이다. 그것이 터무니없는 믿음이라 할지라도 한 자아로서의 존재가치를 얼마나 고양하는가.

지금은 주어진 시간을 누려야 할 때. 가을빛 짙어가는 강가의 아침이 기쁘다.

울지 않고 떠날 수 있을까요

울지 않고 떠날 수 있을까요
딸들이 내 손 잡고
엄마 부를 때

아들이 내 손 잡고
엄마 부를 때

지금도 쥐어준 택시비
차창 밖에 던져놓고
울며 가는데

겹겹이 싸안아도
추울 것 같은 내 새끼
보아도 보아도
애처로운 눈망울

두고 갈 때
울지 않고 떠날 수 있을까요.